CROSSWORD

PaRragon

Bath · New York · Singapore · Hong Kong · Cologne · Delhi
Melbourne · Amsterdam · Johannesburg · Shenzhen

This edition published by Parragon Books Ltd in 2014 and distributed by

Parragon Inc.
440 Park Avenue South, 13th Floor
New York, NY 10016
www.parragon.com

ISBN 978-1-4723-4679-7

Printed in China

Across

1 Living things (6)
5 Become blocked or wedged (3)
7 On one's own (5)
8 Beautified (7)
9 Pierces with a horn (5)
10 Apprehended (8)
12 Respect and admiration (6)
14 Darts forward suddenly (6)
17 Opposite of westerly (8)
18 Refute by evidence (5)
20 Principle (7)
21 People with authority over others (5)
22 Seventh Greek letter (3)
23 Slumbering (6)

Down

2 Withstands (7)
3 Mobster (8)
4 Deep resonant sound of a bell (4)
5 Making rude and mocking remarks (7)
6 Low-lying areas of land (7)
7 Venomous European viper (5)
11 Fairness (8)
12 Carve into something hard (7)
13 Type of lottery (7)
15 Oval shape (7)
16 Plucked stringed instruments (5)
19 Agreeably sharp (4)

Crossword 2

Across

1 Light horse-drawn vehicle (6)
4 Folded in (6)
9 Country house (7)
10 Zero (7)
11 Conduct to a place (5)
12 Armature of a generator (5)
14 Uncertainty (5)
15 Light yellowish brown (5)
17 Perspire (5)
18 Light-hearted musical movements (7)
20 Remedial treatment (7)
21 Showy (6)
22 Gave a speech (6)

Down

1 Desert plant (6)
2 Detested person (8)
3 Prune (5)
5 Parvenu (7)
6 Flightless New Zealand bird (4)
7 Peril (6)
8 Promptness (11)
13 Always in a similar role (of an actor) (8)
14 Journals (7)
15 Locked lips with another (6)
16 Steady (anag) (6)
17 Besmirch (5)
19 Watering device (4)

Across

7 Sweet (6)
8 Quantum of electromagnetic energy (6)
9 Indian dress (4)
10 Knapsack (8)
11 Table support (7)
13 Celestial bodies (5)
15 Burst of light used to attract attention (5)
16 Refrain from (7)
18 Abrupt; disjointed (8)
19 Pig sound (4)
21 Undeniably; truly (6)
22 Johannes ___ : German composer (6)

Down

1 Country whose capital is Havana (4)
2 Extremely fearful (5-8)
3 Signs (7)
4 Swiftly (5)
5 Auto complaint (anag) (13)
6 Orchestral pieces with solo instrument (8)
12 Giving an account of (8)
14 Soaks up (7)
17 Confection made with sugar (5)
20 Title (4)

Crossword 4

Across

7 Person who becomes insolvent (8)
8 Disastrous defeat (4)
9 Bandage (4)
10 In an evil manner (8)
11 Bring over from one view to another (7)
12 Sailing vessel (5)
15 Becomes acrimonious (5)
17 Superficial (7)
20 Criminal (8)
22 Totally erase (4)
23 Turns over and spreads (of grass) (4)
24 Came back (8)

Down

1 Common sight in Las Vegas (6)
2 One who jumps from an airplane (8)
3 Breakwater (7)
4 Pile (5)
5 Sea eagle (4)
6 Communal (6)
13 A steward (anag) (8)
14 Marked by a reduced price (3-4)
16 Inaccurate in pitch (3-3)
18 Made a long tear in (6)
19 Smells (5)
21 Alleviate (4)

Across

7 Dark blue dye (6)

8 Thinks; believes (6)

9 Adjoin (4)

10 Nightclub employees (8)

11 Restrained (7)

13 Elevates (5)

15 Layabout (5)

16 Seclusion (7)

18 Commotion; uproar (8)

19 Unattractive (4)

21 Person who fishes (6)

22 Dissimilar (6)

Down

1 Rebuff; spurn (4)

2 In an unpleasant manner (13)

3 Vibrated (7)

4 Scoundrel (5)

5 Naughtily (13)

6 Core unit (anag) (8)

12 Abiding; lasting (8)

14 End a romance (5,2)

17 Establishment that sells milk products (5)

20 Body of water (4)

Crossword 6

Across

1 Continent (6)
5 Epoch (3)
7 Motor vehicles (5)
8 Trash (7)
9 Reside (5)
10 Noiselessly (8)
12 Unit of time (6)
14 In mint condition (6)
17 Act of forwarding to
   another (8)
18 Areas for ice skating (5)
20 Chessmen (7)
21 Harass (5)
22 Pop music performance (3)
23 Harmful intent (6)

Down

2 Dissimilar (7)
3 Formulating (8)
4 Give a meal to (4)
5 Slopes (7)
6 Developed gradually (7)
7 Soft food product made
   with gelatin (5)
11 Herb of the carrot family (8)
12 Catching (7)
13 Conversation; chat (slang) (4-3)
15 Flexible (7)
16 Jaunty (5)
19 Exposes to natural light (4)

Crossword 7

Across

1 Proceed (2,2)
3 Marriage; betrothal (8)
9 Relating to animal fat (7)
10 Communication service (5)
11 Expression (5)
12 Relating to motion (7)
13 Overcome with dismay (6)
15 Small pet (6)
17 Visually descriptive language (7)
18 Asian country (5)
20 Clamorous (5)
21 Resembling a beast (7)
22 Recently (8)
23 Cry of derision (4)

Down

1 Antiviral goat (anag) (13)
2 Small antelope (5)
4 Furtive (6)
5 Showy (12)
6 Made a gesture of respect (7)
7 Compiler of a dictionary (13)
8 Preservative (12)
14 Keyboard musician (7)
16 Emblem (6)
19 Propel forwards (5)

Crossword 8

Across

1 Passage (4)
3 Recording device (8)
9 Country in SE Asia (7)
10 Awaken (5)
11 Relating to the science of flight (12)
13 Shy away from (6)
15 Decrease in size (6)
17 Rate of increase in speed (12)
20 Not illuminated (5)
21 Igneous rock (7)
22 From one place to another (2,3,3)
23 Hew (4)

Down

1 Sedative (anag) (8)
2 Pellucid (5)
4 Quantity you can hold (6)
5 Immediately (12)
6 Huge wave (7)
7 Organs of sight (4)
8 Indifferent (12)
12 Superficial (4-4)
14 Part of the ear (7)
16 Mendicant (6)
18 Eg from Dublin (5)
19 Hard fat (4)

Across

1 Feet extremities (4)
3 Come nearer to (8)
9 Ideas (7)
10 Proceeding from the pope (5)
11 North American republic (abbr) (3)
12 Our planet (5)
13 Prices paid (5)
15 Council chamber (5)
17 Small woodland (5)
18 Small spot (3)
19 Turn inside out (5)
20 Combusted (7)
21 Twigs used to start a fire (8)
22 TV award (4)

Down

1 Characterized by insincerity (6-2-5)
2 Additional; excess (5)
4 Assumes the existence of (6)
5 Standing for (12)
6 Pain-relieving drug (7)
7 Without enthusiasm (13)
8 Happening at the same time (12)
14 Indefinitely many (7)
16 Sight (6)
18 Single piece of information (5)

Crossword 10

Across

1 Foolish (4)
3 Muttered (8)
9 Warning (7)
10 Number of deadly sins (5)
11 Fairly (12)
14 Intentionally so written (3)
16 ___ and lows: ups and downs (5)
17 Period of time (3)
18 Sudden advance (12)
21 Be in store (5)
22 Nice (7)
23 Happy ___ : Christmas greeting (8)
24 Accurate (4)

Down

1 Diminish (8)
2 Woodwind instrument (5)
4 Ancient pot (3)
5 Brilliant move (12)
6 Rotate (7)
7 Unpleasantly moist (4)
8 Easygoing (12)
12 Period of darkness (5)
13 Soft twilled fabric (8)
15 Cut short (7)
19 Brown earth pigment (5)
20 Large washing bowl (4)
22 Put down (3)

Across

1 Agreement (4)
3 Removed (a need) (8)
9 Commanded (7)
10 Effigies (5)
11 Degenerate (3)
12 Stringed instrument (5)
13 Elaborate in structure (5)
15 Relating to a city (5)
17 Worthy principle or aim (5)
18 Snow runner (3)
19 Chopping (5)
20 Having a valid will (7)
21 Beings (8)
22 Impose a tax (4)

Down

1 Defer action (13)
2 Military trainee (5)
4 Blunt needle (6)
5 Eccentricity (12)
6 Pig's foot (7)
7 Expressively; in a detailed manner (13)
8 Signal for controlling the movement of vehicles (7,5)
14 Foretell (7)
16 Moral excellence (6)
18 Healthily lean (5)

Crossword 12

Across

1 Amended (8)
5 The wise men (4)
9 Indistinctly (5)
10 Land along the edge of a sea (5)
11 Liquid used in a car radiator (10)
14 ___ and blues: style of music (6)
15 Disconnect from a socket (6)
17 Food items (10)
20 Eg iron or copper (5)
21 Blackish wood (5)
22 Pleasant (4)
23 Meager wage (8)

Down

1 Created (4)
2 Water storage barriers (4)
3 Involving inconspicuous observation (3-2-3-4)
4 Evoke a response (6)
6 By open declaration (8)
7 Floating masses of frozen water (8)
8 Separation; alienation (12)
12 First-year student (8)
13 Tending to produce sleep (8)
16 Large shrimp (6)
18 Idler; lout (4)
19 Sort (4)

Across

1 Wildlife park custodians (11)
9 Negatively charged ion (5)
10 Curved shape (3)
11 Small explosive device (5)
12 Obscurity (5)
13 Unstable (8)
16 Sentimental weakness (4,4)
18 Stomach (5)
21 Ball of lead (5)
22 Fuel (3)
23 Brace (5)
24 Set up; founded (11)

Down

2 Acute suffering (7)
3 Made possible (7)
4 Barred someone from their native country (6)
5 Fence section (5)
6 Kingdom (5)
7 Supposition (11)
8 Explainable (11)
14 Level plains without trees (7)
15 Spend lavishly (7)
17 Fabricated cut of beef (6)
19 Men (5)
20 Plant of the agave family (5)

Across

1 Protected from sunlight (6)
5 Flowing back (6)
8 Gastropod with no shell (4)
9 In a friendly manner (8)
10 Dates (anag) (5)
11 Freshness (7)
14 Believing in the power of magic or luck (13)
16 Unit of sound in a language (7)
18 Sharp-pointed spike (5)
20 Pace; tread (8)
22 Rapid surprise attack (4)
23 Soppy (6)
24 Mental infirmity resulting from old age (6)

Down

2 Deceptive statement (4-5)
3 Lower in quality (7)
4 Eighth of a fluid ounce (4)
5 Large outbreak of a disease (8)
6 Intellect; mind (5)
7 Zero; nothing (3)
12 Ejecting liquid in a jet (9)
13 Equality of measure (8)
15 Acquire as an heir (7)
17 Brief records of information (5)
19 Moved quickly (4)
21 Nocturnal bird of prey (3)

Across

1 Eg from Montreal (8)

5 These are laid by chickens (4)

8 Wetland (5)

9 Colonnade (7)

10 Envelops (7)

12 Notes down (7)

14 Comes to a resolution (7)

16 Volcanic crater (7)

18 Expressed readiness to do something (7)

19 Opposite of full (5)

20 States (4)

21 Cupboards that hold dishes (8)

Down

1 Arrived (4)

2 Scandinavian (6)

3 Remove water from (9)

4 Fruits (6)

6 Questions intensely (6)

7 Financial backers (8)

11 Inelegant (9)

12 Omnivorous nocturnal mammals (8)

13 Warm and comforting; downy (6)

14 Temper (6)

15 Slight indentation on a surface (6)

17 Exercise venues (4)

Across

1 Freshwater diving bird (5)
4 Athlete who jumps obstacles (7)
7 Manipulate dough (5)
8 Hard candy on a stick (8)
9 Residence (5)
11 Navy crib (anag) (8)
15 Imbibing (8)
17 Rips (5)
19 Residential (8)
20 Mobs (5)
21 Stinging weeds (7)
22 Delay leaving a place (5)

Down

1 Travel or move about for pleasure (9)
2 Fleshy part of the organ of hearing (7)
3 Morally right (7)
4 Epic (6)
5 River in Europe (6)
6 African antelope (5)
10 Stylishly (9)
12 Restless (7)
13 One who eats a bit at a time (7)
14 Radiating light (6)
16 Ways (6)
18 Expunge (5)

Across

1 Arranged like rays (6)
5 Bat (anag) (3)
7 One who talks wildly (5)
8 Break; interruption (7)
9 Central point (5)
10 Burrowing ground squirrel (8)
12 Decorates (6)
14 Metal grating (6)
17 Where one finds Lansing (8)
18 Strong thread (5)
20 Crowded together (7)
21 Join together (5)
22 False statement (3)
23 Cut out (6)

Down

2 Feeling embarrassed (7)
3 Masonry support (8)
4 Level; not bumpy (4)
5 Work hard (7)
6 Type of knot (7)
7 Showery (5)
11 Conventional (8)
12 Relating to the Southern hemisphere (7)
13 Inclined (7)
15 Raises dough (using yeast) (7)
16 Recess in a wall (5)
19 Rime (anag) (4)

Crossword 18

Across

1 Suddenly (8)
5 Powdered starch (4)
9 Former gold coin; ticket (5)
10 Standards (5)
11 Great in importance (10)
14 Agricultural implement (6)
15 Classify (6)
17 Below the level of
   consciousness (10)
20 Last Greek letter (5)
21 Failing; weakness (5)
22 Mission (4)
23 Severe privation (8)

Down

1 Helps (4)
2 Framework for holding
  things (4)
3 Compulsive; obsessive (12)
4 Group of sports teams that
  play each other (6)
6 Process of adding air (8)
7 Old-fashioned (8)
8 Inadequately manned (12)
12 Terminate gradually (5,3)
13 Dilemmas (8)
16 Spanish festival (6)
18 Make quiet (4)
19 Finish (4)

Crossword 19

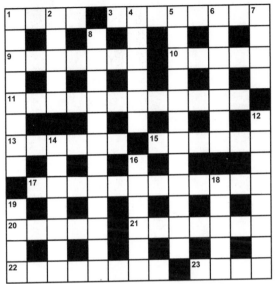

Across

1 Wander (4)
3 Pertaining to the body (8)
9 Varnish (7)
10 Shrub or small tree (5)
11 Draw a figure around another (12)
13 In the direction of (6)
15 Church man (6)
17 Name; designation (12)
20 Yearns for (5)
21 Tragedy by Shakespeare (7)
22 Moving at speed (8)
23 Queries (4)

Down

1 Move to another place (8)
2 Ecclesiastical agent (5)
4 Pester constantly (6)
5 Autonomy (4-8)
6 Diameter of a projectile (7)
7 Crazy (slang) (4)
8 Mournfully (12)
12 Hardy perennial plant (8)
14 If (7)
16 No lime (anag) (6)
18 Individual things (5)
19 Jumble (4)

Crossword 20

Across

7 Line on a map indicating pressure (6)
8 Added (6)
10 Mild red condiment (7)
11 Boldness (5)
12 Monetary unit of South Africa (4)
13 More mature (5)
17 Huge mythical creature (5)
18 Country with capital Bamako (4)
22 Vision (5)
23 Disdained (7)
24 Expels (6)
25 Biography written from personal knowledge (6)

Down

1 Small waterbirds (7)
2 Extremely wet (7)
3 Swift (5)
4 Group of five (7)
5 Rimes (anag) (5)
6 Stranger (5)
9 Masculinity (9)
14 Issue commands; prescribe (7)
15 Arc of colored light (7)
16 Ashes (7)
19 Leafy-stemmed herbaceous plant (5)
20 Concur (5)
21 Set of twelve (5)

Crossword 21

Across

1 Complete and airtight (of a seal) (8)
5 Tabs (anag) (4)
9 Covered area by an entrance (5)
10 Push (5)
11 Greater than the speed of sound (10)
14 Make empty (6)
15 Irritating inconvenience (6)
17 Pertinently (10)
20 High shrill sound (5)
21 Type of boat (5)
22 Male offspring (4)
23 Gathering (8)

Down

1 Wish for (4)
2 Scarce; uncommon (4)
3 Very thoroughly (12)
4 Colored parts of eyes; flowers (6)
6 Orderliness (8)
7 Stand providing seating for spectators (8)
8 Not vulnerable to attack (12)
12 Exploits to excess (8)
13 Green onion (8)
16 Blocks of metal (6)
18 Dull; lacking interest (4)
19 Depend upon (4)

Crossword 22

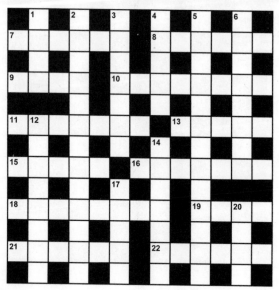

Across

7 Vacillate (6)
8 Language (6)
9 Satiate (4)
10 Capital of Queensland in Australia (8)
11 Opposite of losers (7)
13 Animal skins; hurls (5)
15 Needing to be scratched (5)
16 Relished (7)
18 Reduction in rank (8)
19 Whirl around quickly (4)
21 Servile dependent (6)
22 ___ and dining: taking out for a lavish meal (6)

Down

1 Something small of its kind (4)
2 Benevolent (13)
3 Act of making payments to gain favor (7)
4 Established custom (5)
5 Troublemaking (6-7)
6 Small illustrative sketch (8)
12 Fearless and brave (8)
14 Unfamiliar (7)
17 Road information boards (5)
20 Charged particles (4)

Across

1 Move to action; cue (6)

5 Level score in golf (3)

7 Ire (5)

8 Subdivision of a military unit (7)

9 Separate (5)

10 Intensify; strengthen (8)

12 Items of value (6)

14 Telltale sign (3-3)

17 Postulating (8)

18 These are found in restaurants (5)

20 Terrestrial (7)

21 Render harmless (5)

22 Conciliatory gift (3)

23 Opinion opposed to usual belief (6)

Down

2 Large waves (7)

3 Goods for sale (8)

4 Sage (anag) (4)

5 Conditional stipulation (7)

6 Rebuke (7)

7 Foot joint (5)

11 Ornamental openwork (8)

12 Creatures (7)

13 Get to one's feet (5,2)

15 Concluding parts of performances (7)

16 Tribal emblem (5)

19 Sharp blow (4)

Crossword 24

Across

7 Scrupulous (13)
8 Unable to appreciate music (4-4)
9 Make a garment using wool (4)
10 Military missions (7)
12 Fourth month (5)
14 Twists out of shape (5)
16 Speakers (7)
19 Moist (4)
20 Eternity (8)
22 Something that appears promising but achieves nothing (5,2,3,3)

Down

1 Country in West Africa (4)
2 State confidently (6)
3 Made less narrow (7)
4 Smell (5)
5 Gather or collect (4,2)
6 Device for removing contaminants from air (8)
11 Repel boa (anag) (8)
13 Financial gains (7)
15 Remove from office (6)
17 Passageway through rock (6)
18 Sprite (5)
21 Tailless amphibian (4)

Across

1 Product used when washing hair (11)
9 Instruct (5)
10 Alcoholic beverage (3)
11 Bodily pouch or sac (5)
12 Reduces one's food intake (5)
13 Undistinguished (8)
16 Assimilate again (8)
18 Fun activities (5)
21 Hot pepper (5)
22 Religious sister (3)
23 Banned on grounds of taste (5)
24 TV presenters (11)

Down

2 Direct or control (7)
3 Particulars (7)
4 Expresses gratitude (6)
5 Possessed (5)
6 Fill with high spirits (5)
7 Apocryphal story (5,6)
8 Restore; renew (11)
14 Leave hurriedly and secretly (7)
15 Nickname (7)
17 Fit for consumption (6)
19 Cut into very small pieces (5)
20 Places in position (5)

Across

1 State in the western USA (4)
3 Cause resentment (8)
9 Synthetic material (7)
10 Monotonous hum (5)
11 There (anag) (5)
12 Conceited person (7)
13 Whole (6)
15 Rule for conduct (6)
17 At a slow pace (7)
18 Person of exceptional
   importance (5)
20 Part of an ice skate (5)
21 Associate (7)
22 Quotidian (8)
23 Spoken (4)

Down

1 Volatile (13)
2 Embarrass (5)
4 ___ Mouse: cartoon
   character (6)
5 Preliminary (12)
6 Small dog (7)
7 Device for changing TV
   channel (6,7)
8 Alluringly (12)
14 Paved area adjoining a
   building (7)
16 Lack of foresight (6)
19 Singing voice (5)

Crossword 27

Across

1 Scamper (6)
5 Observe (3)
7 Seemingly indifferent to emotions (5)
8 Sharp-edged weapon (7)
9 Wading bird (5)
10 Period of surveillance by the police (8)
12 Tricky (6)
14 Money received (6)
17 Forbid (8)
18 Call forth or cause (5)
20 Assortment (7)
21 Sticky (5)
22 Gone by (3)
23 Pressing keys on a keyboard (6)

Down

2 Division of a book (7)
3 Competitor who finishes second (6-2)
4 Nocturnal insect (4)
5 Eighth sign of the zodiac (7)
6 Capture; entrap (7)
7 Stiff legged walk (5)
11 Rushing (2,1,5)
12 Loss of memory (7)
13 City in Canada (7)
15 Make damp (7)
16 Sauce that accompanies a roast (5)
19 Engrave with acid (4)

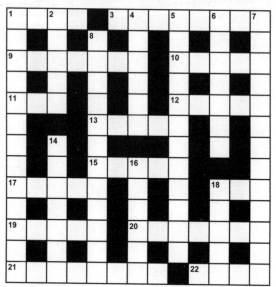

Across

1 Gaming cubes (4)

3 Daydreaming; distraction from reality (8)

9 Oblivious to (7)

10 Recorded on video (5)

11 Piece of wood (3)

12 Not concealed (5)

13 Trample heavily (5)

15 Irritable; grating (5)

17 Be more successful than (5)

18 Long narrow river inlet (3)

19 Decline sharply (5)

20 Germ (7)

21 Shy (8)

22 Small mountain lake (4)

Down

1 Person who betrays another (6-7)

2 Loud metallic sound (5)

4 Type of sound system (6)

5 Branch of science that studies stars (12)

6 Irreverence (7)

7 Large sea (13)

8 Person who listens in to conversations (12)

14 Put in another's protection or care (7)

16 Call for the presence of (6)

18 Dry red wine (5)

Across

1 Animal feet (4)
3 Fictitious (8)
9 A symptom of blushing (7)
10 Mars has two of these (5)
11 Feeling let down (12)
14 Come together (3)
16 Ancient unit of length (5)
17 Cooking utensil (3)
18 Author of screenplays (12)
21 Therefore (5)
22 Held in high regard (7)
23 Area at the rear of a house (8)
24 Disparage (4)

Down

1 Representative example (8)
2 Walks through water (5)
4 Positive answer (3)
5 Philanthropic (12)
6 Intimate view of something (5-2)
7 Endure (4)
8 In the order given (12)
12 Fly around a planet (5)
13 Interloper (8)
15 Terse; using few words (7)
19 Sum; add up (5)
20 Marine or freshwater fish (4)
22 Hearing organ (3)

Across

1 Musical compositions (6)
7 Unquestioning (8)
8 Sheltered side (3)
9 Oppressively hot (6)
10 Of similar character (4)
11 Harmlessly eccentric (5)
13 Blood relation (7)
15 Profitable (7)
17 Bring out or develop (5)
21 Squarish in shape (4)
22 Failure; flop (6)
23 Snoop (3)
24 Squid used as food (8)
25 Appetizer (6)

Down

1 Tiny particle of iron (6)
2 Poor district of a city (6)
3 Long-legged wading bird (5)
4 Alfresco (7)
5 Pulled (a muscle) (8)
6 Charge (6)
12 Comedian (8)
14 Violent and lawless person (7)
16 Assertion (6)
18 System of social perfection (6)
19 Biochemical catalyst (6)
20 Feeling of fear (5)

Crossword 31

Across

7 Rich cake (6)

8 Most timid (6)

9 Small biting fly (4)

10 Breaking suddenly and violently (8)

11 Grew by addition (7)

13 ___ Blair: US actress (5)

15 Fires (5)

16 Most slothful (7)

18 Relating to the Old or New Testament (8)

19 Act intended to trick (4)

21 Be about to happen (6)

22 Hit (6)

Down

1 First light (4)

2 In a haphazard manner (6-7)

3 Mixed up (7)

4 Exorbitant interest rate (5)

5 Battle of the ___ / ___ : Custer's Last Stand (6,7)

6 Giant ocean waves (8)

12 Personal magnetism (8)

14 Unruly (7)

17 Moves swiftly (5)

20 Ancient boats (4)

Crossword 32

Across

1 Invalidate; reverse (8)
5 Charge for transportation (4)
8 Alphabetical list at the back of a book (5)
9 Heighten (7)
10 As a whole (2,5)
12 Inquisitive (7)
14 Tearing (anag) (7)
16 Made a conjecture about (7)
18 Spiny-coated monotreme mammal (7)
19 Senseless (5)
20 Planted by scattering (of seed) (4)
21 Daydreamer (8)

Down

1 Roman poet (4)
2 Make beloved (6)
3 Written manuals (9)
4 Areas of skin irritation (6)
6 Fight against (6)
7 Clemency (8)
11 Cocktail (9)
12 Supreme legislative body (8)
13 Son of one's brother or sister (6)
14 Standards of perfection (6)
15 Opposite of an acid (6)
17 Greatest (4)

Crossword 33

Across

1 Address a deity (4)
3 Forest (8)
9 Supposed; alleged (7)
10 Amends (5)
11 Form of government (12)
13 Come forth (6)
15 Symptom of a cold (6)
17 Defenseless targets (7,5)
20 Stir milk (5)
21 Nevertheless (7)
22 Ridges of facial hair (8)
23 Writing fluids (4)

Down

1 Mimics humorously (8)
2 Clear savory jelly (5)
4 More likely than not (4-2)
5 Scolding (8,4)
6 Very foolish (7)
7 Part of twilight (4)
8 Greater hints (anag) (12)
12 Sweet dishes (8)
14 Connoisseur (7)
16 In a haphazard manner (6)
18 Assembly of witches (5)
19 Unit of area (4)

Crossword 34

Across

1 Refute (6)
4 Staple (anag) (6)
9 Menacing (7)
10 Having sharp corners (7)
11 Roman cloaks (5)
12 Ceases (5)
14 Unpleasant giants (5)
15 Nominal head of a city (5)
17 Loft (5)
18 Instruction (7)
20 Get rid of (7)
21 Without difficulty (6)
22 Something learned by experience (6)

Down

1 Partial refund (6)
2 Custom of having more than one husband or wife (8)
3 Presents (5)
5 Distances (7)
6 Opposite of short (4)
7 Violent atmospheric disturbances (6)
8 Recreation areas for children (11)
13 Bright and glistening (8)
14 Region around a nucleus that can contain electrons (7)
15 Fortitude (6)
16 Television surface (6)
17 Passage (5)
19 Large wading bird (4)

Across

1 Look like (8)
5 Gemstone (4)
9 Broaden (5)
10 Common form of adhesive (5)
11 Female pupil (10)
14 Consent to receive (6)
15 Female monster (6)
17 The very early morning (5,5)
20 Extent (5)
21 Lowest point (5)
22 Song by two people (4)
23 Challenged a legal decision (8)

Down

1 Argues (4)
2 Team (4)
3 Township (12)
4 Move with a bounding motion (6)
6 Pledged to do (8)
7 Salty oil (anag) (8)
8 Hostile aggressiveness (12)
12 Place where taxis wait for hire (8)
13 Clamber (8)
16 Full-scale working model (4-2)
18 Image of a god (4)
19 Network of crossing lines (4)

Crossword 36

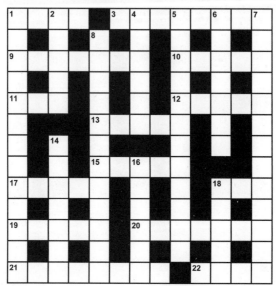

Across

1 Recess in a church (4)
3 The ___ : lands of the western hemisphere (8)
9 Featured in the lead role (7)
10 Salivate (5)
11 Floor mat (3)
12 Fleshy (5)
13 Kick out (5)
15 Form of sarcasm (5)
17 Choose for office through voting (5)
18 Golf peg (3)
19 Release; discharge (5)
20 These follow Sundays (7)
21 Loud and harsh (8)
22 Ran away at speed (4)

Down

1 Aggressive self-assurance (13)
2 Informal language (5)
4 Marked by foolishness (6)
5 Redistribution of forces (12)
6 Sense of finality (7)
7 Composed in mind (4-9)
8 Planned in advance (12)
14 Eg glasses (7)
16 Worker who produces petroleum (6)
18 Lag behind (5)

Across

7 Put to trouble (13)
8 Colleague (8)
9 Prepare for a vacation (4)
10 Reunites (7)
12 Liberates (5)
14 Grim (5)
16 States as a fact (7)
19 Greek god of war (4)
20 Given to robbery (8)
22 Comprehension (13)

Down

1 After the beginning of (4)
2 Excessively intricate or ornate (6)
3 Bringing to the conscious mind (7)
4 Way in (5)
5 Moderate (6)
6 Frozen food (3,5)
11 Install a monarch (8)
13 Eg from Ethiopia (7)
15 Dared (6)
17 Enter a country by force (6)
18 Hiding place (5)
21 Having a sound mind (4)

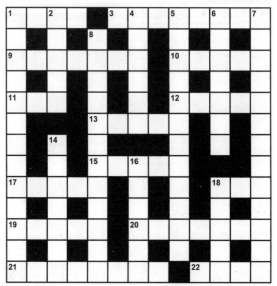

Across

1 Sleeveless cloak (4)
3 Fun pools (anag) (8)
9 Afternoon performance of a show (7)
10 Happening (5)
11 Slender bristle of a grass (3)
12 During (5)
13 Compass point (5)
15 Be really good at (5)
17 Gives off (5)
18 Spoil (3)
19 Omit a sound when speaking (5)
20 Anthropoid (7)
21 Most saccharine (8)
22 Textile; cloth (4)

Down

1 Militant aggressiveness (13)
2 Spike driven into a rock (5)
4 Device for removing vegetable skin (6)
5 Irresistible (12)
6 Bending a limb or joint (7)
7 Correct to the smallest detail (6-7)
8 Radiant (12)
14 Building (7)
16 Ascends (6)
18 State whose capital is Augusta (5)

Across

7 Not readily noticeable (13)
8 Lacking knowledge (8)
9 Insect life stage (4)
10 Two-wheeled vehicle (7)
12 Mingle with something else (5)
14 Started (5)
16 Foundation (7)
19 Platform above water (4)
20 Free from error (8)
22 Smug (4-9)

Down

1 Cozy (4)
2 Not a single person (6)
3 Normally (7)
4 Grimy (5)
5 Vaulted (6)
6 Initiative (8)
11 Lists (8)
13 Excessive pride (7)
15 Afloat (6)
17 Tax (6)
18 Canoe (5)
21 Arduous journey (4)

Crossword 40

Across

1 Positioned at a distance from one another (6)
5 Christian minister (6)
8 Ill-mannered child (4)
9 Different spellings of the same word (8)
10 Analyze in detail (5)
11 Money owed that cannot be recovered (3,4)
14 Magnification of a signal (13)
16 Poked (7)
18 Greek woodland deity (5)
20 Raider (8)
22 Ruler by hereditary right (4)
23 Grinned (6)
24 Sprats (anag) (6)

Down

2 One who works less than standard hours (4-5)
3 Stronghold (7)
4 Female operatic star (4)
5 Way of speaking (8)
6 Grassy surface of land (5)
7 Opposite of in (3)
12 Pitfall (5,4)
13 Caused to feel hurt (8)
15 Fishing boat (7)
17 Speak slowly with vowels prolonged (5)
19 Makes a mistake (4)
21 Limb (3)

Across

1 Complainer (6)
7 Mirage (8)
8 Small barrel (3)
9 Idle (6)
10 Monetary unit of France (4)
11 Soft fruit (5)
13 Light slightly sweet bread (7)
15 Transparent eyeball parts (7)
17 Enlighten; educate (5)
21 Computer memory unit (4)
22 Red Bordeaux wine (6)
23 Soft-finned fish (3)
24 Fetch (8)
25 Put on an item of clothing (6)

Down

1 Composition (6)
2 Long-haired breed of cat (6)
3 Severity or strictness (5)
4 Quick musical tempo (7)
5 Space rock (8)
6 Next after third (6)
12 Capital of Australia (8)
14 Person who breeds pigeons (7)
16 Gas we need to live (6)
18 Impound during a war (6)
19 Screamed loudly (6)
20 Stared at (5)

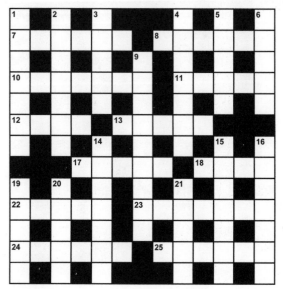

Across

7 Tolerance (6)

8 Muzzle-loading cannon (6)

10 Jump from an airplane (7)

11 Half note (5)

12 Nose (anag) (4)

13 Complete (5)

17 Charred piece of wood (5)

18 Unravel (4)

22 Senior member of a group (5)

23 River in Africa (7)

24 Culminated (6)

25 More active (6)

Down

1 Groups (7)

2 Declaring to be untrue (7)

3 Smooth fabric (5)

4 Prescription (7)

5 Rocky (5)

6 Packs tightly (5)

9 Automate (9)

14 Bestowed (7)

15 Constantly present (7)

16 Art of clipping shrubs decoratively (7)

19 Change; modify (5)

20 A little traveled side road (5)

21 Love affair (5)

Across

1 Opposite of highest (6)

4 Globular body (6)

9 Artistic composition (7)

10 Removed impurities (7)

11 Attractively stylish (5)

12 Moved with a long bounding stride (5)

14 Herb (5)

15 Common greeting (5)

17 Unfortunately (5)

18 Move; agitate (7)

20 Vocabulary list (7)

21 Of the greatest age (6)

22 Far from the intended target (6)

Down

1 Small pit or cavity (6)

2 Game bird (8)

3 Unsteady (5)

5 Trap or snare (7)

6 Paradise garden (4)

7 Avoided (6)

8 Allowable (11)

13 Manufacturer (8)

14 Financial incentives (7)

15 Nestle closely (6)

16 Australian city (6)

17 Top dice rolls (5)

19 Structure built for storage (4)

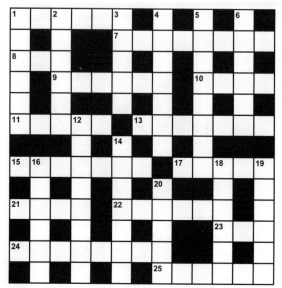

Across

1 Sobbing (6)
7 Indefatigable (8)
8 Flightless bird (3)
9 Make a journey (6)
10 Drive away (4)
11 Put to a test (5)
13 Angle of a compass bearing (7)
15 Duty-bound (7)
17 Strangely (5)
21 Number of seasons (4)
22 Decanted (6)
23 Sticky substance (3)
24 Capital of Finland (8)
25 Child of an aunt or uncle (6)

Down

1 Pidgin language (6)
2 Juveniles (6)
3 Sweet tropical fruit (5)
4 Put into service (7)
5 Taken for granted (8)
6 Most intimate (6)
12 Beekeeper (8)
14 Retaining (7)
16 Fragmented (6)
18 Evades (6)
19 Naval petty officers (6)
20 Agreeable sound or tune (5)

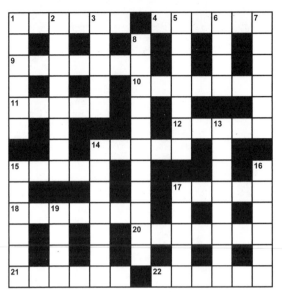

Across

1 Not including; other than (6)
4 Morsels (6)
9 Hymn or psalm sung in church (7)
10 Heading of an article (7)
11 Goes out with (5)
12 Distinguishing characteristic (5)
14 Coffee drink (5)
15 Formerly the Democratic Republic of the Congo (5)
17 Carnivorous Old World mammal (5)
18 Initiate (7)
20 Not rigidly (7)
21 Slender (6)
22 Behind a ship (6)

Down

1 Old Portuguese monetary unit (6)
2 Small slices of toasted bread topped with a spread (8)
3 Edible fruits (5)
5 Calculate (7)
6 Opposing (4)
7 Poem of fourteen lines (6)
8 Fraudulently (11)
13 Come before (8)
14 Not strict (7)
15 Striped animals (6)
16 Grand ___ : steep-sided gorge (6)
17 Shook (anag) (5)
19 Long and thin piece of wood (4)

Crossword 46

Across

7 Turn the mind to (6)
8 Regime (anag) (6)
10 Short-handled receptacle (7)
11 Staggers (5)
12 Eurasian crow (4)
13 Songbird (5)
17 Solid piece; lump (5)
18 Successful stroke or move (4)
22 Dissatisfaction; boredom (5)
23 Strips of pasta (7)
24 Walks with heavy steps (6)
25 Relaxed and unconcerned (6)

Down

1 Personal finery (7)
2 Avoidance (7)
3 Light crinkled fabric (5)
4 Involve in conflict (7)
5 Leers (5)
6 Make fun of another playfully (5)
9 Angry (9)
14 Small decapod crustaceans (7)
15 Emotional (7)
16 Long letter or missive (7)
19 Robbery (5)
20 Go stealthily or furtively (5)
21 Regal (5)

Across

1 Puts right (8)
5 Current of air (4)
9 Caper (5)
10 Aircraft detection system (5)
11 Pop merrily (anag) (10)
14 Excuses that avert blame (6)
15 Bird with a very long colored beak (6)
17 Forthright (10)
20 Foreign language (5)
21 Jewel (5)
22 Small toy (2-2)
23 Multilingual (8)

Down

1 Cry of a lion (4)
2 Baseball glove (4)
3 Withdraw from service (12)
4 Extensive domain (6)
6 Perform a part with restraint for effect (8)
7 Delaying (8)
8 Science of deciphering codes (12)
12 Legally (8)
13 Spiciness (8)
16 Grayish-brown bird; silly (6)
18 Dividing boundary (4)
19 Having an even surface (4)

Across

1 Jewels (4)
3 Slight wetness (8)
9 Zeppelin (7)
10 Pass a rope through (5)
11 The moving of something from its place (12)
13 ___ Loren: Italian actress (6)
15 Skiing race (6)
17 In the order of the letters from A to Z (12)
20 Theatrical production (5)
21 Elevate (7)
22 Separated seed from a plant (8)
23 Small fight (4)

Down

1 Happiest (8)
2 Female horses (5)
4 Characteristic; feature (6)
5 Non-governmental fighting force (12)
6 Endless (7)
7 Noticed; observed (4)
8 Immaturity (12)
12 Littlest (8)
14 Idle talk (7)
16 Solemnly renounce (6)
18 Anthropoid ape (abbr) (5)
19 Moderately fast gait of a horse (4)

Crossword 49

Across

1 Without delay (6)
7 Break at an intermediate point in a journey (8)
8 Gear (3)
9 Strata (6)
10 On top of (4)
11 Characteristic manner (5)
13 Burrowing desert rodents (7)
15 Accord (7)
17 Written agreements (5)
21 Short note (4)
22 Flower arrangement (6)
23 Adam's mate (3)
24 Roadside information board (8)
25 Cavalry swords (6)

Down

1 Metal rods for stirring fires (6)
2 Expend (6)
3 Willow tree (5)
4 Male chicken (7)
5 Capital of South Carolina (8)
6 Deceive (6)
12 Satirizes (8)
14 Technical knowledge; expertise (4-3)
16 Lacking force or vitality (6)
18 Hold fast (6)
19 Mental or emotional tension (6)
20 Takes a break (5)

Crossword 50

Across

1 Groups of people living together (11)
9 Abatement (5)
10 One and one (3)
11 Opaque gem (5)
12 Type of wheat (5)
13 Stay warm (anag) (8)
16 Containing many inhabitants (8)
18 Cut of pork (5)
21 Broadcast again (5)
22 Make a request (3)
23 Show off (5)
24 Pretentious display (11)

Down

2 Give too much money for something (7)
3 Softens with age (7)
4 Inform (6)
5 Classified (5)
6 Fragrant organic compound (5)
7 Disturb the status quo (4,3,4)
8 Sound practical judgment (6,5)
14 Group of four singers (7)
15 Highest female singing voice (7)
17 Hidden (6)
19 Sweet baked food items (5)
20 Flaring stars (5)

Across

7 Arcs (6)

8 Point of origin (6)

10 Low chest of drawers (7)

11 Laud (5)

12 Pitcher (4)

13 Simple (5)

17 Flowerless plants (5)

18 Domesticated ox (4)

22 Island in the Bay of Naples (5)

23 Arch enemy (7)

24 Top; gain (6)

25 Species of the weasel family (6)

Down

1 Frozen water spears (7)

2 Shackle or restraint (7)

3 Under (5)

4 Garden flower (7)

5 Legal documents (5)

6 Eg lunch and dinner (5)

9 Staying (9)

14 Portions of time (7)

15 Diciest (anag) (7)

16 Conjectures (7)

19 Clean by rubbing hard (5)

20 Sudden contraction (5)

21 Shadow (5)

Crossword 52

Across

1 Golf shots (5)
4 Utters in a strident voice (7)
7 Pastime (5)
8 Last (8)
9 Breathing organs of fish (5)
11 Person who goes to bed late (5,3)
15 State in Australia (8)
17 Animal bedding (5)
19 Minor fight (8)
20 Picked up on; quoted (5)
21 Admire deeply (7)
22 Small branch (5)

Down

1 Assertiveness (9)
2 Tax imposed on ships (7)
3 Sends in (7)
4 Alternating up-and-down movement (6)
5 Nuclear (6)
6 Tag (5)
10 Spattering with water (9)
12 Have a positive impact on (7)
13 Tooth (7)
14 Invented (4-2)
16 Bracelet for the foot (6)
18 Hackneyed (5)

Across

7 Church official (6)
8 Adjust for better efficiency (4-2)
10 Motivate a person (7)
11 Apprehended with certainty (5)
12 Sell (anag) (4)
13 Stage setting (5)
17 Desires (5)
18 Woodworking tool (4)
22 Substance in the gaseous state (5)
23 Frontier settlement (7)
24 Youngest age of a nonagenarian (6)
25 Deviate suddenly (6)

Down

1 Used to one's advantage (7)
2 Grapple with (7)
3 Abominable snowmen (5)
4 Grayish-brown birds (7)
5 Greek writer of fables (5)
6 Thorny (5)
9 Repast (9)
14 Tropical birds (7)
15 Postpone (7)
16 British rock group (7)
19 Chambers used for baking (5)
20 Expect; think that (5)
21 Cooks slowly in liquid (5)

Crossword 54

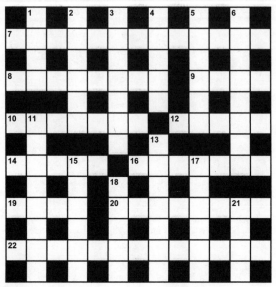

Across

7 Chronologically misplaced (13)
8 Presumptuous (8)
9 Part of the eye (4)
10 Company that supplies food (7)
12 Small notes (5)
14 Representative (5)
16 Machete (7)
19 Complacent (4)
20 Rope used in a sea rescue (8)
22 Discrepancy (13)

Down

1 Social insects (4)
2 Level a charge against (6)
3 Young chicken (7)
4 Catches (5)
5 Aim to achieve something (6)
6 Secret affairs (8)
11 Altercation (8)
13 Gradually spread over (7)
15 Without merit or worth (2-4)
17 Soothed (6)
18 Luxurious; fabric with an even pile (5)
21 Small notch (4)

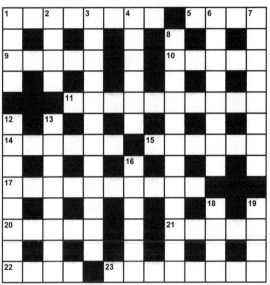

Across

1 Eg cars (8)
5 Second Greek letter (4)
9 Large crow (5)
10 Cuts slightly (5)
11 Very precise (10)
14 Alcove (6)
15 Dairy product (6)
17 Headland (10)
20 Dance (5)
21 Striped animal (5)
22 Protective covers (4)
23 Padded support in a car (8)

Down

1 Action word (4)
2 Hold; possess (4)
3 Stall in a church (12)
4 Instruct to do something (6)
6 Surrounds on all sides (8)
7 Aided (8)
8 Not officially sanctioned (12)
12 Offer of marriage (8)
13 Educated (8)
16 Caress; golf shot (6)
18 Woodwind instrument (4)
19 Manner of walking (4)

Crossword 56

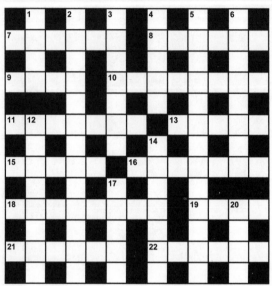

Across

7 Lender (6)
8 Pungent condiment (6)
9 Confuse; stun (4)
10 Segment of the spinal column (8)
11 Places of worship (7)
13 Summed together (5)
15 Grin (5)
16 Present for acceptance (7)
18 Flexible organ of some invertebrates (8)
19 Ladder step (4)
21 Lament (6)
22 Lacking skill (6)

Down

1 City and port of Qatar (4)
2 Act of making insertions (13)
3 Courageously (7)
4 Stout poles (5)
5 Magnificent (13)
6 Respite (8)
12 Hit very hard (8)
14 Exigency (7)
17 Rich quick bread (5)
20 Facial feature (4)

Crossword 57

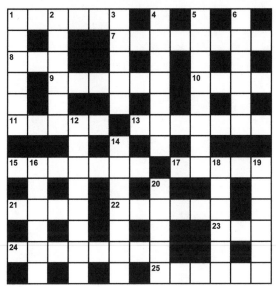

Across

1 Outdoor military exercise (6)
7 Explosive device (8)
8 Limb used for walking (3)
9 Honolulu is the capital of this state (6)
10 Nest (anag) (4)
11 Popular flowers (5)
13 Land depressions (7)
15 Continually (7)
17 Deliver a speech spontaneously (2-3)
21 Equipment for sound reproduction (2-2)
22 Profit; reward (6)
23 Popular beverage (3)
24 Disgrace (8)
25 Eagerly (6)

Down

1 Greater in height (6)
2 Skintight garment (6)
3 Trimmings of meat (5)
4 Craftsperson (7)
5 Diminished gradually in size (8)
6 Courageously persistent (6)
12 Vision (8)
14 Snake (7)
16 Starting point (6)
18 Upraised (6)
19 Based on two parts (6)
20 Many-headed monster in Greek mythology (5)

Crossword 58

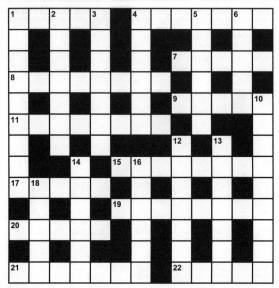

Across

1 Impersonator (5)
4 Swollen (7)
7 Requires (5)
8 Divide (8)
9 Children's entertainer (5)
11 Strong dislike or disinclination (8)
15 Living thing (8)
17 Connection; link (5)
19 Lazy (8)
20 Avoid (5)
21 Gets away (7)
22 Large waterbirds (5)

Down

1 Not correctly formed (9)
2 Birds with black-and-white plumage (7)
3 Hold dear (7)
4 Small restaurant (6)
5 Ancient (3-3)
6 Equip (5)
10 Standardize (9)
12 Abstaining from food (7)
13 Go wrong (7)
14 Treeless Arctic region (6)
16 Measuring sticks (6)
18 Sprites (5)

Crossword 59

Across

1 Condescending (11)
9 Tortilla topped with cheese (5)
10 Mongrel dog (3)
11 Piece of pottery (5)
12 Relinquish possession (5)
13 Sideways (8)
16 Cocktail (8)
18 Spiritual being (5)
21 Decorate (5)
22 Pasture (3)
23 Sniff (5)
24 Lacking originality or individuality (11)

Down

2 Call before a court (7)
3 Item-by-item report (7)
4 Shallow recesses (6)
5 Polish monetary unit (5)
6 Mother-of-pearl (5)
7 Unnecessary (11)
8 Long-established (11)
14 Stormy (7)
15 Dissolution of a marriage (7)
17 Ratio of reflected to incident light (6)
19 Work hard (5)
20 Not a winner (5)

Across

1 Fellow competitors (6)
4 Extremely bad (of a situation) (6)
9 Import barrier (7)
10 Repentance (7)
11 Tests (5)
12 Undo (5)
14 Believe in the reliability of (5)
15 Beastly (5)
17 Imposed a financial penalty (5)
18 Goad (7)
20 Exhibiting (7)
21 Neglect (6)
22 Wall painting; mural (6)

Down

1 Had a strong and unpleasant smell (6)
2 Quivers (8)
3 Songbirds (5)
5 Exhaustion (7)
6 Vigorous spirit (4)
7 Steal (6)
8 Abundance (11)
13 Tentwise (anag) (8)
14 Business magnates (7)
15 Bit sharply (6)
16 In a slow tempo (6)
17 Fine powdery foodstuff (5)
19 Minerals that contain metals (4)

Across

1 Dressed a wound (8)
5 Walk awkwardly (4)
8 Coffee drink (5)
9 ___ in: confining (7)
10 Very distrustful of human nature (7)
12 Demureness (7)
14 Space in front of one's seat (7)
16 Musical composition (7)
18 Israeli city (3,4)
19 Accustom (5)
20 Takes an exam (4)
21 Naively innocent (4-4)

Down

1 Collide with (4)
2 Subtle detail (6)
3 Inability to feel pain (9)
4 Morals (6)
6 Stupidity (6)
7 Boxing (8)
11 Disobediently (9)
12 Short musical compositions (8)
13 Create by carving (6)
14 Immature insects (6)
15 Hold a position or job (6)
17 Sell (4)

Crossword 62

Across

1 Voyage taken for pleasure (6)
5 Very long period of time (3)
7 Determine the quality of a metal (5)
8 Having no purpose (7)
9 Fluffy (5)
10 Wearing uniform (8)
12 Increasing (6)
14 Writer (6)
17 Graceful (of movement) (8)
18 Collection of maps (5)
20 List; register (7)
21 Eg canine or molar (5)
22 Speak; state (3)
23 Be present in large numbers (of insects) (6)

Down

2 Revoke (7)
3 Contemptuous (8)
4 Not new (4)
5 Misleading or deceptive statements (7)
6 This starts on 1st January (3,4)
7 Anemic looking (5)
11 Official statement (8)
12 Attacks (7)
13 Quantum-mechanical property (7)
15 Threatening (7)
16 Deciduous coniferous tree (5)
19 Gradual (4)

Across

8 Earnest (9)

9 17th Greek letter (3)

10 Corpsman (5)

11 General pardon (7)

12 Provided food and drink (7)

13 Settee (4)

17 Associate (4)

18 Caressed (7)

22 Japanese massage technique (7)

24 Do without (5)

25 One who treats sick animals (3)

26 Derived genetically from one's parents (9)

Down

1 State of disgrace (5)

2 Tough methods used to gain an end (8)

3 Equipped (7)

4 Recapture (6)

5 Stench (5)

6 Time periods (4)

7 Imitator (7)

14 Estimate too highly (8)

15 Huge (7)

16 Solace (7)

19 Irritable (6)

20 Sitar (anag) (5)

21 Highways (5)

23 Small quantity (4)

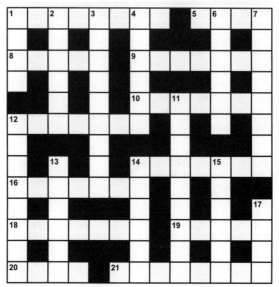

Across

1 Moves in the opposite direction (8)

5 Showing unusual talent (4)

8 Swerves off course (5)

9 Copy (7)

10 Snobbish (7)

12 Made something hard to perceive (7)

14 Obedient (7)

16 Italian dish (7)

18 Sticks to (7)

19 Armistice (5)

20 Not the direction of this clue (4)

21 Reproduce recorded sound (4,4)

Down

1 Talk irrationally (4)

2 Watched (6)

3 Readily recovering from shock (9)

4 Amended (6)

6 South American country (6)

7 Marked by interesting happenings (8)

11 Immediately (9)

12 Boggy area (8)

13 Shun (6)

14 Abaxial (6)

15 Leg bone (6)

17 Mountain top (4)

Across

1 Johann Sebastian ___ : composer (4)

3 Strong advocacy of a cause (8)

9 Floating mass of frozen water (7)

10 Lies in ambush (5)

11 Distance oneself from another (12)

14 Old horse; complain (3)

16 Stadium (5)

17 Silent (3)

18 Atoning avail (anag) (12)

21 Unwarranted (5)

22 Ability to speak a language well (7)

23 Stocky in build (8)

24 Poker stake (4)

Down

1 Extremely bright; dazzling (8)

2 Board game (5)

4 Piece of cloth (3)

5 Diverse (12)

6 Error in printing (7)

7 Check that something works (4)

8 Convincingly (12)

12 Musical drama (5)

13 Worker (8)

15 A parent's mother (7)

19 Silk fabric (5)

20 Issue copiously; write effusively (4)

22 Sum charged (3)

Crossword 66

Across

1 Swallows hurriedly (5)
4 Establishment selling fast food (7)
7 Covers in paper (5)
8 Strong coffee (8)
9 Abrupt (5)
11 Business organizations (8)
15 Find fault with (8)
17 Sailing vessel (5)
19 Occurring twice a year (8)
20 Loathe (5)
21 Built up (7)
22 Throw forcefully (5)

Down

1 Usually (9)
2 Eel-shaped freshwater fish (7)
3 Absence of sound (7)
4 Fight (6)
5 Foxes' lairs (6)
6 Higher (5)
10 Glimmering (9)
12 Derived product or effect (4-3)
13 Bathing tub with bubbles (7)
14 Broths (anag) (6)
16 Thought; supposed (6)
18 Collection of songs (5)

Across

7 High-end (8)

8 Simple organism (4)

9 Legume (4)

10 Illumination (8)

11 Dark bituminous substance (7)

12 Brusque; smoothly elegant (5)

15 Extravagant meal (5)

17 Irritated (7)

20 Safer net (anag) (8)

22 Identical (4)

23 Give temporarily (4)

24 Most amusing (8)

Down

1 On one's ___ : destitute (6)

2 Sets a boat in motion (8)

3 Small guitar (7)

4 Raised floor or platform (5)

5 ___ Simpson: cartoon character (4)

6 Representatives (6)

13 Self-centered (8)

14 Participant (7)

16 Wiped (6)

18 Entangle (6)

19 Bring together (5)

21 Periodic movement of the sea (4)

Crossword 68

Across

7 Free from an obstruction (6)

8 Repudiate any connection with (6)

10 Statement that contradicts itself (7)

11 Tremulous sound (5)

12 Volcano in Sicily (4)

13 Tempts (5)

17 Unconditional love (5)

18 Wire (anag) (4)

22 Paved area (5)

23 Share; portion (7)

24 Imparts motion to (6)

25 Ill (6)

Down

1 Wrinkled (7)

2 Gaining points in a game (7)

3 Sycophant (5)

4 Wine merchant (7)

5 Of definite shape (5)

6 Viewpoint (5)

9 Vindicate (9)

14 Base (7)

15 Attains (7)

16 Well-behaved (7)

19 Diminish the quality of (5)

20 Paces (5)

21 Excursion undertaken for pleasure (5)

Crossword 69

Across

7 Morally compel (8)
8 Intellect (4)
9 Clutched (4)
10 Give undue importance to (8)
11 Takes a firm stand (7)
12 Rod ___ : Australian tennis player (5)
15 ___ Klum: supermodel (5)
17 Sincere (7)
20 At all; of any kind (8)
22 Highway (4)
23 Smack (4)
24 Reproved formally (8)

Down

1 Be preoccupied with a topic (6)
2 Twining plant (8)
3 Old French dance (7)
4 Even; flat (5)
5 Cut (4)
6 Component of natural gas (6)
13 Sign of the zodiac (8)
14 Lowest point; basis (7)
16 Breathe out (6)
18 Closer (6)
19 Ellipses (5)
21 At the very most (4)

Across

1 Bring in from abroad (6)
4 Senior monks (6)
9 Repulsion (7)
10 Larval salamander (7)
11 Cut with precision (5)
12 Gets less difficult (5)
14 Arouse for action (5)
15 Verse form (5)
17 Confronts (5)
18 Able to be seen (7)
20 Submissive (7)
21 Excessively bright (6)
22 Produced a play (6)

Down

1 Admit formally (6)
2 Highly seasoned smoked beef (8)
3 Way or course taken (5)
5 Bunkum (7)
6 To a position on (4)
7 Abilities; talents (6)
8 Majesty (11)
13 Moving too quickly (of a vehicle) (8)
14 Deep sounds (7)
15 Owning (6)
16 Go up (6)
17 Worthiness (5)
19 Prophet (4)

Across

1 Witches (11)
9 Consumer (5)
10 Quarrel (3)
11 Tribe (anag) (5)
12 Make stupid (5)
13 Motionless (8)
16 Decode (8)
18 Mistake (5)
21 Mediterranean island (5)
22 Mountain pass (3)
23 Sound of any kind (5)
24 Concerned with investigation (11)

Down

2 Former (7)
3 Winged angelic beings (7)
4 Narrate a story once again (6)
5 Woody plant (5)
6 Acquires through merit (5)
7 Means of supporting life (11)
8 European country (11)
14 Something made up (7)
15 Device for cooling food (7)
17 Simpler (6)
19 Become less tense (5)
20 Relating to the kidneys (5)

Crossword 72

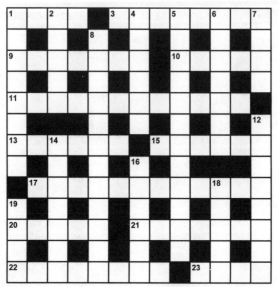

Across

1 Brought forth by birth (4)
3 Collarless jacket (8)
9 Last longer than (7)
10 Passageway of the nose (5)
11 Difficult to deal with (5-7)
13 Part of a garment (6)
15 Small in amount (6)
17 Excessive in number (12)
20 Pertaining to birds (5)
21 Standing erect (7)
22 Loaf of French bread (8)
23 Greek god of love (4)

Down

1 Piece of furniture (8)
2 Quantitative relation between amounts (5)
4 Atmospheric phenomenon (6)
5 Relating to punishment (12)
6 Chinese herb (7)
7 Prying; intrusive (4)
8 Persistence (12)
12 Acts of law (8)
14 Wanting what someone else has (7)
16 Unexpected; sudden (6)
18 Diviner of ancient Rome (5)
19 Young sheep (4)

Across

8 Permissible (9)
9 Item used to row (3)
10 Secluded narrow valleys (5)
11 Accumulates periodically (7)
12 Gave an even surface to (7)
13 Become healthy again (4)
17 Assert openly (4)
18 Hit hard and often (7)
22 Short story (7)
24 Severe (5)
25 Ash (anag) (3)
26 Harmonious (9)

Down

1 Suspends from a wall (5)
2 Secondary personality (5,3)
3 Mentally unsound (7)
4 On fire (6)
5 Long seat (5)
6 Bean curd (4)
7 Newly (7)
14 Person implementing a will (8)
15 Having a potbelly (7)
16 Viscera (7)
19 Diviner (6)
20 Fall suddenly and heavily (5)
21 Stop (5)
23 Vessel for holding flowers (4)

Across

1 Contest between two persons (4)

3 Person who leaves a country (8)

9 Remove an obstruction (7)

10 Small fruit used for oil (5)

11 Ridge (5)

12 Intensifies (7)

13 Mimics (6)

15 Merchant (6)

17 Absolved (7)

18 Taut (5)

20 Tricky deceitful fellow (5)

21 Aromatic herb (7)

22 Salad sauce (8)

23 Lazy (4)

Down

1 Verified for a second time (6-7)

2 Fix deeply in a surrounding mass (5)

4 Emperor of Japan (6)

5 Person who travels widely (12)

6 Eased in (anag) (7)

7 Hidden store of valuables (8,5)

8 State of having no fixed abode (12)

14 Parcel (7)

16 Border; touch (6)

19 Impressive in appearance (5)

Crossword 75

Across

1 Small body of gas within a liquid (6)
5 Implement used for mowing (6)
8 Blunder (4)
9 Walking in a military manner (8)
10 Turned outward; bevel (5)
11 Caresses (7)
14 Amazingly (13)
16 Accepted formally and put into effect (7)
18 Strainer (5)
20 Physically fit and active (8)
22 Posterior (4)
23 Position indicator on a computer (6)
24 Take a very long step (6)

Down

2 Unchallenged (9)
3 Heavily built wild ox (7)
4 Trees with serrated leaves (4)
5 Elastic (8)
6 Boorish person (5)
7 Female chicken (3)
12 Perked up (9)
13 Person in charge of a company (8)
15 Therein (anag) (7)
17 Tugs (5)
19 Performs in a play (4)
21 19th Greek letter (3)

Across

7 Respectable (6)
8 Necktie (6)
9 Mischievous children (4)
10 Situation; contest (4,4)
11 Burdens (7)
13 Central part or point (5)
15 Bludgeons (5)
16 Snobbish (7)
18 Musical scripts (8)
19 Rip up (4)
21 Coat of wool covering a sheep (6)
22 Turn into (6)

Down

1 Sewing join (4)
2 Animal used for heavy work (5,2,6)
3 Buildings for horses (7)
4 Climb (5)
5 Object of ridicule (8,5)
6 Central American monkey (8)
12 Various (8)
14 Musical instrument (7)
17 Largely aquatic carnivorous mammal (5)
20 Eg bullets and cartridges (abbr) (4)

Across

1 Small carnivorous mammal (8)
5 Song for a solo voice (4)
9 Ride a bike (5)
10 Unfasten (5)
11 Minute criticism (3-7)
14 Personify (6)
15 Meaning (6)
17 Trait of spending extravagantly (10)
20 Astonish (5)
21 Possessor (5)
22 Gets with great difficulty (4)
23 Raised road across wet ground (8)

Down

1 Aromatic spice (4)
2 Narrow part of something (4)
3 Ate too much (12)
4 Angel of the highest order (6)
6 Cold-blooded vertebrates (8)
7 Renounce or reject (8)
8 Part of the mind one is not aware of (12)
12 Memento (8)
13 Annul (8)
16 List of items of business (6)
18 Once more (4)
19 Hunted animal (4)

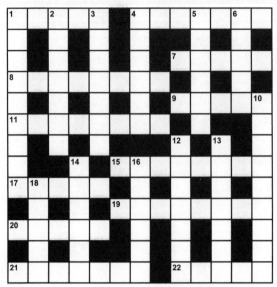

Across

1 Smell (5)

4 Garnish (7)

7 Lesser (5)

8 Making (a bill) law (8)

9 Leavening fungus (5)

11 Proprietor of a lodging establishment (8)

15 German expressway (8)

17 Urged on (5)

19 No longer successful or needed (6-2)

20 Principle of morality (5)

21 Hopes to achieve (7)

22 Strange and mysterious (5)

Down

1 Natural pond (5,4)

2 Impinges upon (7)

3 Productive (7)

4 Half-conscious state (6)

5 Valued (6)

6 Sheltered places (5)

10 Permute (9)

12 Hollow in a road surface (7)

13 More robust (7)

14 Third sign of the zodiac (6)

16 Planet (6)

18 Entrance barriers (5)

Crossword 79

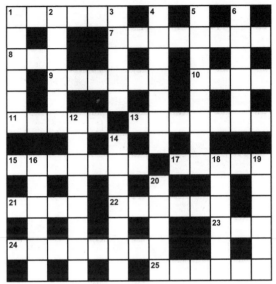

Across

1 Book used by churchgoers (6)
7 Ridiculously (8)
8 Bleat of a sheep (3)
9 Mistake; blunder (3-3)
10 Shed tears (4)
11 Of greater age (5)
13 Opposite (7)
15 Stored away (7)
17 Express (5)
21 Gull-like bird (4)
22 Positioned a car (6)
23 Charged particle (3)
24 Annoy (8)
25 Fashioned (6)

Down

1 Able to be moved easily (6)
2 Ocean floor (6)
3 Young sheep (5)
4 Shock with wonder (7)
5 Intimidate with stern words (8)
6 Slumbers (6)
12 Extremely happy (8)
14 Prayers (anag) (7)
16 People who accept offers (6)
18 Boredom (6)
19 Kept under control; restrained (6)
20 Great sorrow (5)

81

Across

1 Susceptibility (11)
9 Let slacken; relax (5)
10 Wet soil (3)
11 Strength of a solution (5)
12 Plant fiber (5)
13 Assignment given to a student (8)
16 Form of government (8)
18 Fanatical (5)
21 Protective garment (5)
22 Great body of salt water (3)
23 Relation by marriage (2-3)
24 Prophecy (11)

Down

2 Perfect example of a quality (7)
3 Woes (7)
4 Meddle (6)
5 Stove (anag) (5)
6 Large and scholarly books (5)
7 Slogan (11)
8 Youth (11)
14 Fugitive (7)
15 Narrow-tubed war trumpet (7)
17 Expels from a country (6)
19 Shout of approval (5)
20 Wander aimlessly (5)

Crossword 81

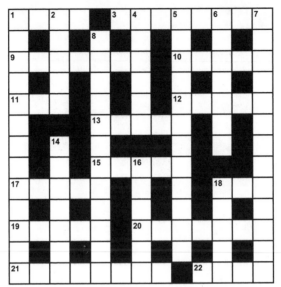

Across

1 Complete; whole (4)
3 Inherent (8)
9 Flowering shrubs (7)
10 Dried coconut meat (5)
11 Adult males (3)
12 Challenges (5)
13 Bird of prey (5)
15 Pin on which something turns (5)
17 Spirit character created by Shakespeare (5)
18 Incompletely opened flower (3)
19 Creamy-white substance (5)
20 Aircraft control surface (7)
21 Refer to famous people in conversation (8)
22 Leg joint (4)

Down

1 Disintegration into pieces (13)
2 Gain knowledge (5)
4 Considering (6)
5 Inadvertently (12)
6 Extensive domains (7)
7 Existence beyond the physical level (13)
8 Working for oneself (4-8)
14 Identifying outfit (7)
16 Termagant (6)
18 Lord of the realm (5)

Crossword 82

Across

7 Tower in eastern Asia (6)
8 Rector (6)
9 Lots (anag) (4)
10 Go wrong (of a plan) (8)
11 Group of three (7)
13 Trembling poplar (5)
15 Saturate (5)
16 Eg NATO (7)
18 Crustacean (8)
19 Band worn about the waist (4)
21 Nearer (6)
22 Proclamations (6)

Down

1 Remove water from a boat (4)
2 Satisfaction (13)
3 Burrowing mammals (7)
4 Small spot (5)
5 Position of a teacher at a university (13)
6 Roughly (8)
12 Ceremonially (8)
14 Plans (7)
17 Gain a point in a game (5)
20 Point of an occurrence (4)

Across

7 Sailor who rebels (8)
8 Very strong wind (4)
9 A person's essential being (4)
10 Light-brown sugar (8)
11 Unknown or unspecified person (7)
12 Tablets (5)
15 Live by (5)
17 From beginning to end (7)
20 Small cookie containing almonds (8)
22 Tray (anag) (4)
23 Skin mark (4)
24 Corrosive precipitation (4,4)

Down

1 Dinner jacket (6)
2 Landing and take-off area (8)
3 Dispatching (7)
4 Picture border (5)
5 Gelatinous substance (4)
6 Not singular (6)
13 Worship of false gods (8)
14 Social gathering with dancing (7)
16 Take the color out of (6)
18 Medieval (6)
19 Faithful (5)
21 Askew; amiss (4)

Crossword 84

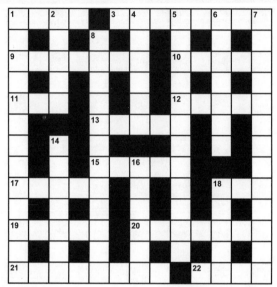

Across

1 Hint (4)
3 Place of uproar (8)
9 Cover with a hard surface layer (7)
10 Gold block (5)
11 Employment; application (3)
12 Stage play (5)
13 Edward ___ : composer (5)
15 Shows tiredness (5)
17 Fantastic (5)
18 Mineral spring (3)
19 Abrasive material (5)
20 Opposite of shortest (7)
21 Stops temporarily (8)
22 Type of high-energy radiation (1-3)

Down

1 Gullibility (13)
2 Father's brother (5)
4 Performing on stage (6)
5 A barber is expert at this (12)
6 Improve equipment (7)
7 Wastefully (13)
8 Short poem for children (7,5)
14 Occurs (7)
16 Deliberate (6)
18 Guide a vehicle (5)

Across

1 Part played by an actor (4)

3 Went along (8)

9 Person who hunts illegally (7)

10 Sleeveless garments (5)

11 Mercilessness (12)

13 Comfort (6)

15 Author (6)

17 Displeasure (12)

20 Currently in progress (5)

21 Relating to sight (7)

22 Having a spinal column (8)

23 Parched (4)

Down

1 Reword (8)

2 Smallest quantity (5)

4 Bird with spotted underparts (6)

5 Peculiarity (12)

6 Sum of money put in the bank (7)

7 Office table (4)

8 Completely devoted (12)

12 Creased (8)

14 River in South America (7)

16 Exertion (6)

18 Make subject to (5)

19 Very soft mineral (4)

Crossword 86

Across

1 Temptingly (11)
9 Musical times (5)
10 Where a pig lives (3)
11 Debate or dispute (5)
12 Period of time in history (5)
13 Mollycoddled (8)
16 Standards by which something is judged (8)
18 Cake decoration (5)
21 Civilian dress (5)
22 Mammal of the horse family (3)
23 Promotional wording (5)
24 Precedence; priority (11)

Down

2 Final stage of some process (7)
3 Expressed (7)
4 Topple (6)
5 Verbalize (5)
6 Rope with a running noose (5)
7 Reevaluation (11)
8 Use of the '-' symbol (11)
14 Walk unsteadily (7)
15 Movement of vehicles en masse (7)
17 Prove to be false (6)
19 Henrik ___ : Norwegian dramatist (5)
20 Triangular wall part (5)

Across

1 Waiting area (8)
5 Close by (4)
8 European country (5)
9 Imparts knowledge (7)
10 Least difficult (7)
12 Far away (7)
14 Insensitive (7)
16 Sports shoe (7)
18 Expression of regret (7)
19 Raise in rank (5)
20 James ___ Jones: US actor (4)
21 Unilateral (3-5)

Down

1 Continent (4)
2 Distinguishing qualities (6)
3 Capital of Iceland (9)
4 Beginning of something (6)
6 Reflected back (of sound) (6)
7 Flower-shaped competition awards (8)
11 Absurdity (9)
12 Deter (8)
13 Circuitous or long route (6)
14 Stick of colored wax (6)
15 Draw on (anag) (6)
17 Simple piece of jewelry (4)

Across

7 Formal midday meal (8)
8 Soup (anag) (4)
9 African antelope (4)
10 Besides (8)
11 Faucet (7)
12 Earth (5)
15 Wares; merchandise (5)
17 Charles ___ : English inventor (7)
20 Sewed together (8)
22 Targets (4)
23 Gravel (4)
24 Raw (of food) (8)

Down

1 Omen (6)
2 Came into possession of (8)
3 Be in a state of agitation (7)
4 Annoyed (5)
5 Alone (4)
6 Majestic; wonderful (6)
13 Breed of dog (8)
14 Fish (7)
16 Vehement protest (6)
18 Small tool for boring holes (6)
19 Evil spirit (5)
21 Skirt worn by a ballerina (4)

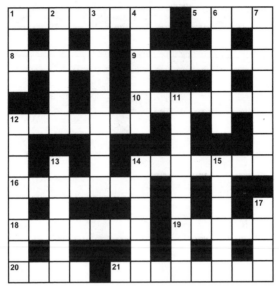

Across

1 Expansion (8)
5 General purpose motor vehicle (4)
8 Card used for fortune-telling (5)
9 Dirty (7)
10 Having no purpose (7)
12 Provider of financial cover (7)
14 Undergo mental anguish (7)
16 A deified mortal (7)
18 Tough and heavyset person (7)
19 Very silly or affected (5)
20 A movement of water (4)
21 Fugitives (8)

Down

1 Shower with love or affection (4)
2 The words of a song (6)
3 Walking unsteadily (9)
4 Of the eye (6)
6 Flattened out; made level (6)
7 Small (4-4)
11 Play that exhibits extravagant theatricality (9)
12 Unfit for consumption (of food) (8)
13 Permeated with a quality (6)
14 Loves dearly (6)
15 Carve or engrave (6)
17 Resistance units (4)

Across

7 Inculpation (13)

8 Vegetable (8)

9 Temporary outside shelter (4)

10 Untidily (7)

12 Lure (5)

14 Intermediate theorem in a proof (5)

16 Fluids (7)

19 Distinct part (4)

20 Stop doing something (5,3)

22 Perimeter of a circle (13)

Down

1 Obstacle; small problem (4)

2 Diagrams (6)

3 Affably (7)

4 Small insects (5)

5 Sculpture (6)

6 Retrieve a file from the internet (8)

11 Vivid and brilliant (of a color) (8)

13 Fail to do as one is told (7)

15 Copies (6)

17 Support; maintenance (6)

18 Glosses over (5)

21 Thing that is definitely true (4)

Across

1 Dwarfed tree (6)
7 Recollections (8)
8 Antelope (3)
9 Take as an affront (6)
10 Female horse (4)
11 Coats with gold (5)
13 Taught (7)
15 Practicing strict self-denial (7)
17 Repeat (5)
21 Black ___ : bird found in Colombia (4)
22 A parent's Mom (6)
23 Strange (3)
24 Person engaged in a lawsuit (8)
25 Surplus (6)

Down

1 Important person (6)
2 Pertaining to a nerve (6)
3 Urge into action (5)
4 Non-professional (7)
5 Wind instrument (8)
6 Decide with authority (6)
12 Relating to a topic (8)
14 Cotton fabric (7)
16 Naturally illuminated (6)
18 North American canid (6)
19 Groups of lions (6)
20 Use inefficiently (5)

Crossword 92

Across

1 Newspaper boss (6)
5 Situated on the inside (6)
8 Affirm with confidence (4)
9 Sociable (8)
10 Stylishness and originality (5)
11 Transport illegally (7)
14 A judgment that is not unanimous (5,8)
16 Remnant (7)
18 Currency of Iraq and many other countries (5)
20 Tip (8)
22 Woman paid to do domestic work (4)
23 Fondly (6)
24 Ancient Persian king (6)

Down

2 Matured (9)
3 Interim (anag) (7)
4 Underground plant part (4)
5 Familiarity (8)
6 Mistaken (5)
7 Sprinted (3)
12 Double (4-5)
13 Recognize or distinguish (8)
15 More slender (7)
17 Small compact engine (5)
19 Wildcat (4)
21 Eggs of a fish (3)

Across

1 Clothed (4)

3 Stiff hairs (8)

9 Existing in name only (7)

10 Paint (anag) (5)

11 Installation of a monarch (12)

13 Scented ointment (6)

15 Entraps (6)

17 Coat an object with a metal (12)

20 In some degree (combining form) (5)

21 Let go of (7)

22 Fervently (8)

23 Having no hair (4)

Down

1 Total lack of respect (8)

2 Allow (5)

4 Controlling (6)

5 Place to do some backstroke (8,4)

6 Beginner (7)

7 Hardens (4)

8 Explanatory section of a book (12)

12 Went up (8)

14 Wild duck (7)

16 Nuptial (6)

18 First Greek letter (5)

19 Water (4)

Crossword 94

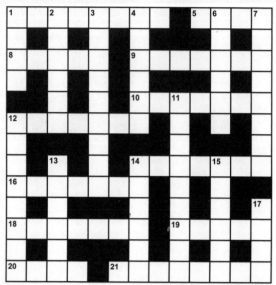

Across

1 Settling down for rest (of birds) (8)
5 Group of countries joined by treaty (4)
8 Charlie ___ : actor (5)
9 Not sudden (7)
10 Strokes lightly (7)
12 Book of the Bible (7)
14 Prayer bell (7)
16 Chats (7)
18 First (7)
19 Show triumphant joy (5)
20 Narrow valley (4)
21 Evacuating (8)

Down

1 Produce a grating sound (4)
2 State where one finds Salem (6)
3 Location of Nashville and Memphis (9)
4 Periods of darkness (6)
6 Noisily (6)
7 Gigantic statue (8)
11 Grunt once (anag) (9)
12 Smiling broadly (8)
13 Band of color (6)
14 Place of refuge (6)
15 Lapis ___ : semiprecious stone (6)
17 Male deer (4)

Across

1 Season (6)
5 Waster (anag) (6)
8 Select from a group (4)
9 Consecrate (8)
10 Mournful song or poem (5)
11 Weigh heavily upon (7)
14 Reflective; deep-thinking (13)
16 Prepare for printing (7)
18 Took illegally (5)
20 Person who dispenses
   eyeglasses (8)
22 Recent information (4)
23 Spirited (6)
24 Holds and uses a weapon (6)

Down

2 Priggishly (9)
3 Forbidden by law (7)
4 Long deep cut (4)
5 Trachea (8)
6 Teacher (5)
7 Sporting official (abbr) (3)
12 Accepted without question (9)
13 Harshness of manner (8)
15 Ardent (7)
17 Leaves (5)
19 Was aware of; understood (4)
21 Popular apple dessert (3)

Crossword 96

Across

7 Adult (6)
8 Canopy (6)
9 Stylish (4)
10 Item found in a toilet (4,4)
11 Puzzle (7)
13 Extinct birds (5)
15 Areas of agricultural land (5)
16 A trifling amount (7)
18 Absorbed (8)
19 Full of intense excitement (4)
21 Become straight (6)
22 Crazily (6)

Down

1 Hit hard (4)
2 Irascible (5-8)
3 People who are part of a club (7)
4 Strong thick rope (5)
5 Inexplicable (13)
6 Extremely appealing person or thing (8)
12 Longing (8)
14 Grassland areas (7)
17 Short musical composition (5)
20 Greases; lubricates (4)

Across

1 Censure (8)
5 Capital of the Ukraine (4)
9 Smarted (5)
10 Heavy noble gas (5)
11 Tend nicely (anag) (10)
14 Curly (6)
15 Main meal (6)
17 Single (10)
20 Trunk of the body (5)
21 Belonging to them (5)
22 Light beams (4)
23 Something handed down from generation to generation (8)

Down

1 Having a pinkish complexion (4)
2 Pull a sulky face (4)
3 Association; society (12)
4 Type of nut (6)
6 Setting fire to (8)
7 Plantation producing grapes (8)
8 Research worker (12)
12 Nervously excited (8)
13 State of disorganization (8)
16 Opposite of passive (6)
18 Inspirational person (4)
19 Small lightweight boat (4)

Across

1 Spout (6)

4 Deep sea inlets (6)

9 Freedom of action (7)

10 Believed in (7)

11 Opposite one of two (5)

12 Plant framework (5)

14 Yellow-orange pigment (5)

15 Word of farewell (5)

17 Loose fiber (5)

18 Squad car (7)

20 Tentacled sea animal (7)

21 Beer and lemonade drink (6)

22 Large pebbles (6)

Down

1 Wrestling hold (6)

2 Summer squash (8)

3 Recluse (5)

5 Playful (7)

6 Corrode (4)

7 Arachnid (6)

8 Triangular pyramid (11)

13 Pink cabs (anag) (8)

14 Surpassed another product in sales (7)

15 Right to enter (6)

16 Entertains (6)

17 Group or set of eight (5)

19 Bone of the forearm (4)

Across

1 Curved shapes (4)
3 Sultry; suffocating (8)
9 Personal (7)
10 Data entered (5)
11 Replacement (12)
13 Drum (3-3)
15 Deprived of (6)
17 Belonging to the nobility (12)
20 Type of cloth (5)
21 Reluctance to change (7)
22 Thinks about continually (8)
23 At this place (4)

Down

1 Of striking appropriateness (8)
2 Ascend (5)
4 Felonies (6)
5 Lacking courage (12)
6 Beseech (7)
7 Obtains (4)
8 Judiciousness (12)
12 Enclosure made with posts (8)
14 Objects used to indicate position (7)
16 Become aware of (6)
18 Heading (5)
19 Capital of Norway (4)

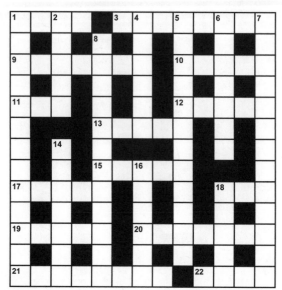

Across

1 Self-contained item (4)
3 Mechanical device for controlling something (8)
9 Yachting (7)
10 Insurgent (5)
11 Might (3)
12 Overhead (5)
13 Scottish lakes (5)
15 Dye (5)
17 Makes sound or whole (5)
18 By way of (3)
19 Commerce (5)
20 Unlawful (7)
21 Eg knights and pawns (8)
22 Smudge (4)

Down

1 Uncaring (13)
2 Coldly (5)
4 Type of brandy (6)
5 Irrational (12)
6 Type of newspaper (7)
7 Amusement park ride (6,7)
8 Languor (12)
14 Issue forth (7)
16 Guidance (6)
18 Pertaining to the voice (5)

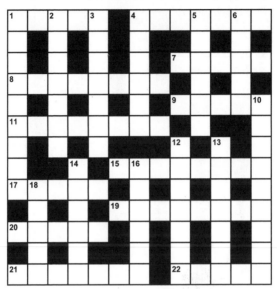

Across

1 Evade (5)
4 Tropical disease (7)
7 Materials such as coal and gas (5)
8 Unify (8)
9 Utter (5)
11 Legal soundness (8)
15 Second largest ocean (8)
17 Go away from somewhere quickly (5)
19 Cowboy (8)
20 Wall painting (5)
21 Business lecture (7)
22 Royal (5)

Down

1 Detects (9)
2 Put out of action (7)
3 Uses up (7)
4 Grape variety (6)
5 Sharpness of vision (6)
6 River cove; bay (5)
10 Relating to the process of choosing people for public office (9)
12 Taller and thinner (7)
13 Putting away items (7)
14 Adventurous expedition (6)
16 Router (anag) (6)
18 Waterslide (5)

Crossword 102

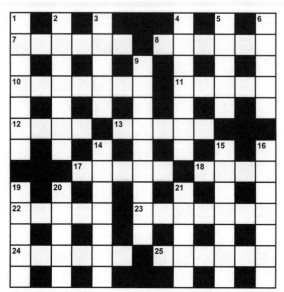

Across

7 Stack (6)
8 Drinking vessel (6)
10 Porridge ingredient (7)
11 Measuring stick (5)
12 Bound (4)
13 Go in (5)
17 Bodies of water (5)
18 Main island of Indonesia (4)
22 Atmospheric disturbance (5)
23 Frowned (7)
24 Edible bulbs (6)
25 Judge; weigh up (6)

Down

1 Addresses a person boldly (7)
2 Move like a snake (7)
3 Natural yellow resin (5)
4 Cheer (7)
5 Burn with very hot liquid (5)
6 Flash of light (5)
9 Cloth used to cover the eyes (9)
14 Make greater (7)
15 Bearer (7)
16 Offensively discourteous (7)
19 Broad neck scarf (5)
20 Ancient Greek city-state (5)
21 Nationality of Roger Federer (5)

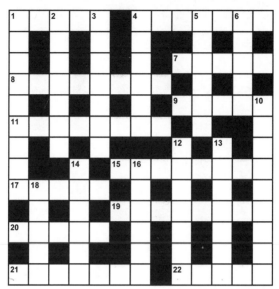

Across

1 One who steals (5)
4 Warming up (7)
7 Open pies with sweet or savory fillings (5)
8 When one eats (8)
9 African country (5)
11 The birth of Jesus Christ (8)
15 Recondite (8)
17 Discourage (5)
19 Natural liking for (8)
20 Seed cases (5)
21 Completely expressionless face (7)
22 Triangular river mouth (5)

Down

1 Tortured (9)
2 Children (7)
3 Imaginary (7)
4 Person living in solitude (6)
5 Bank employee (6)
6 Child's nurse (5)
10 Non-canonical religious texts (9)
12 Marked like a zebra (7)
13 Type of number like first or second (7)
14 Having a bill (of birds) (6)
16 Make less harsh (6)
18 Display freely; discharge (5)

Crossword 104

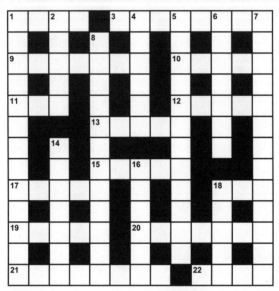

Across

1 Imitate (4)
3 Concerned (8)
9 Idealistic (7)
10 Counterfeit (5)
11 Pull at (3)
12 Cuban dance (5)
13 Became less severe (5)
15 Wooden bars used to join draft animals together (5)
17 Borders (5)
18 Farewell remark (3)
19 Textile weave (5)
20 Bring up (7)
21 Let trees (anag) (8)
22 Modify (4)

Down

1 Forger (13)
2 Pointed part of a fork (5)
4 Possessors (6)
5 Clothing shop (12)
6 Regular course of action (7)
7 Denigration (13)
8 At great speed (7-5)
14 Gets back (7)
16 Inner part of a seed (6)
18 Strongly tied together (5)

Across

1 Stingy hoarders (6)
7 Fighting (8)
8 Range of vision (3)
9 Electric generator (6)
10 State whose capital is Columbus (4)
11 Corpulent (5)
13 Break a rule (7)
15 Asphalt (7)
17 Remove clothing (5)
21 Encircle or bind (4)
22 Wild West drinking room (6)
23 Ancient boat (3)
24 Luminous insect larva (8)
25 Lengthy discourse (6)

Down

1 Get by with what is at hand (4,2)
2 Ice cream served with topping (6)
3 Cut of meat (5)
4 Baltic country (7)
5 Brightly illuminated (8)
6 Apply ointment for religious reasons (6)
12 Suspension of an activity (8)
14 Fixed sum paid regularly to a person (7)
16 Frozen water spear (6)
18 Meaner (anag) (6)
19 Filled a suitcase (6)
20 Purple fruits (5)

Crossword 106

Across

1 Twist suddenly; sprain (6)
5 Man of rank or position (3)
7 Saline (5)
8 Delightful (7)
9 Relating to birth (5)
10 Plant of the daisy family (8)
12 Document fastener (6)
14 Sachet (anag) (6)
17 Large elongated exocrine gland (8)
18 Dizzy (5)
20 Imitating (7)
21 Musical movement (5)
22 Attempt to do (3)
23 Dishes of raw leafy greens (6)

Down

2 Write again (7)
3 A Roman emperor (8)
4 Family (4)
5 Methods (7)
6 Become fully aware of (7)
7 Skin covering the top of the head (5)
11 Round yellowish seed (8)
12 Imply (7)
13 Make sour (7)
15 Instructed (7)
16 Light dramatic composition (5)
19 ___ Berra: baseball player (4)

Across

1 Drinking vessels (4)
3 Metrical analysis of verse (8)
9 Strangeness (7)
10 Entwined; knitted (5)
11 Elbow in a pipe (3)
12 Expel from a property (5)
13 Walks awkwardly (5)
15 Capital of Bulgaria (5)
17 Not quite right (5)
18 Dishonorable person (3)
19 Lift with great effort (5)
20 Stress (7)
21 Held out against (8)
22 Verge (4)

Down

1 Musical dance co-ordinator (13)
2 Foot-operated lever (5)
4 Tradition (6)
5 Part of the Bible (3,9)
6 Type of bill (7)
7 Failure to turn up (13)
8 Bravery; boldness (12)
14 Stringed instruments (7)
16 In fine ___ : in good health (6)
18 Wept (5)

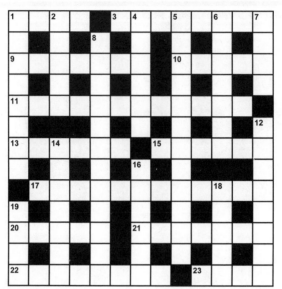

Across

1 Mongrel dog (4)
3 Stocky (8)
9 Voyages undertaken for pleasure (7)
10 Communicates using gestures (5)
11 Enhancements (12)
13 Believer in the occult (6)
15 Assault (6)
17 Morally unacceptable (12)
20 Red cosmetic (5)
21 Decorative style of the 1920s and 1930s (3,4)
22 Made a high-pitched sound (8)
23 Remain (4)

Down

1 Exaggerated masculinity (8)
2 Donald ___ : business magnate (5)
4 Boos (6)
5 Corresponding (12)
6 Large island in Indonesia (7)
7 Long pointed elephant tooth (4)
8 Amazement (12)
12 Story with a symbolic message (8)
14 Things that evoke reactions (7)
16 Infuriate (6)
18 Whimper (5)
19 ___ Barrymore: Hollywood actress (4)

Across

1 Municipality (4)
3 Cutting instrument (8)
9 Arrived (7)
10 Metric unit of capacity (5)
11 Supernatural skill (5)
12 Chemical element (7)
13 Five cents (6)
15 Thoroughfare (6)
17 Tenth month of the year (7)
18 Cowboy display (5)
20 Small simple bodily opening (5)
21 Fools (7)
22 Providing (8)
23 Catch sight of (4)

Down

1 Ominous celery (anag) (13)
2 Nasal manner of pronunciation (5)
4 Golf attendant (6)
5 Egotism (4-8)
6 Silhouette (7)
7 Deliciously (13)
8 Item with 64 squares several games are played on (12)
14 Negative terminal of an electrolytic cell (7)
16 Inhabitant of Troy (6)
19 Workers (5)

Across

1 Ship (anag) (4)
3 Uncontrolled after launching (of a missile) (8)
9 Highest amount possible (7)
10 Make law (5)
11 Having several uses (12)
13 Givers (6)
15 Edible tuber (6)
17 Eg the size and length of something (12)
20 Condescend to offer (5)
21 Organized expression of goodwill; a farewell (4-3)
22 Grows or intensifies (8)
23 Declare to be untrue (4)

Down

1 Created in the house (8)
2 Component of a computer image (5)
4 Large dark cloud (6)
5 Joblessness (12)
6 Salt lake in the Jordan valley (4,3)
7 Factual information (4)
8 Ubiquity (12)
12 Common insect (8)
14 Requiring (7)
16 Pester (anag) (6)
18 Loop with a running knot (5)
19 Creative thought (4)

Across

7 Capability of working well together (13)

8 Declare to be a saint (8)

9 Automobiles (4)

10 Kind of West Indian music (7)

12 Chalice (5)

14 Young bird (5)

16 Makes short and sharp turns (7)

19 Root vegetable (4)

20 In the process of arriving (8)

22 Deplorable (13)

Down

1 ___ pop: type of drink (4)

2 Eerie (6)

3 Rattish (anag) (7)

4 Wind instruments (5)

5 Alluvial deposit (6)

6 Beginning (8)

11 Sporting competitors (8)

13 Relating to fish (7)

15 Supplies with food (6)

17 Automaton (6)

18 Strength (5)

21 Invalid (4)

Across

7 Environment (6)

8 Babies do this typically in the first year (6)

9 Sixth Greek letter (4)

10 Pointers (anag) (8)

11 Dignitary of a cathedral chapter (7)

13 Wears at the edges (of fabric) (5)

15 Straps fastened to horses (5)

16 Abandon a difficult situation (4,3)

18 Best (8)

19 Metric unit of mass (4)

21 Incline (6)

22 Material used to seal joints (6)

Down

1 Widespread (4)

2 Deprived (13)

3 Exceed (7)

4 Small seat (5)

5 One who studies the atmosphere and weather (13)

6 Expression of gratitude (5-3)

12 Genus of plant in the Poaceae family (8)

14 ___ point: position from which something is viewed (7)

17 John ___ : English poet (5)

20 Developed; matured (4)

Crossword 113

Across

1 Find (6)
4 Confer (6)
9 Unnamed person or thing (2-3-2)
10 One's savings for the future (4,3)
11 Adorn with insertions (5)
12 Steer (anag) (5)
14 Confused struggle (5)
15 Spore-producing plants (5)
17 Enamel-coated structures in the mouth (5)
18 Eg anger or love (7)
20 Took ownership of (7)
21 Fanciful (6)
22 Tissue in the cavities of bones (6)

Down

1 ___ Nielsen: actor and comedian (6)
2 Clergyman (8)
3 Warming drink (5)
5 Removal (7)
6 Eg oak or maple (4)
7 Gadget (6)
8 Type of agency (11)
13 Pennant (8)
14 Smallest amount (7)
15 Supported; stimulated (6)
16 Follow closely (6)
17 Jeweled headdress (5)
19 Seep; exude (4)

Crossword 114

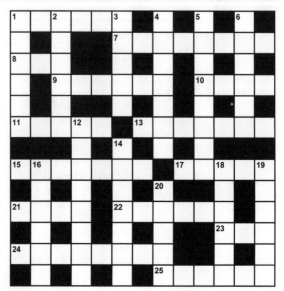

Across

1 Former female pupil (6)
7 Small houses (8)
8 22nd Greek letter (3)
9 Beat as if with a flail (6)
10 Smoke passage (4)
11 Corrodes (5)
13 Beg (7)
15 Opposes (7)
17 Salad plant (5)
21 Too (4)
22 Chatter incessantly (6)
23 Boy (3)
24 Quotation (8)
25 Upper classes (6)

Down

1 One who uses a bow and arrow (6)
2 Joins together (6)
3 Performed on stage (5)
4 Having a restless desire for something (7)
5 Traveler (8)
6 Cloud of gas in space (6)
12 Abstinent from alcohol (8)
14 Faintly illuminated at night (7)
16 Sea in northern Europe (6)
18 Small hole in leather or cloth (6)
19 Protects from direct sunlight (6)
20 Rock (5)

Crossword 115

Across

7 Prejudgment (13)
8 Explosive (8)
9 Nocturnal birds (4)
10 Blunt in manner (7)
12 Twisted to one side (5)
14 Door frame parts (5)
16 Drink liquor freely (7)
19 Plant stalk (4)
20 Be heavier than (8)
22 Uneasily (13)

Down

1 Salver (4)
2 Bodies of water (6)
3 Not modern (7)
4 Unit of metrical verse (5)
5 Backless seats (6)
6 Large rocks (8)
11 Cooking in the oven (8)
13 Chamber in a lighthouse (7)
15 Woody grass (6)
17 Unidirectional (3-3)
18 Building tops (5)
21 Precious metal (4)

Crossword 116

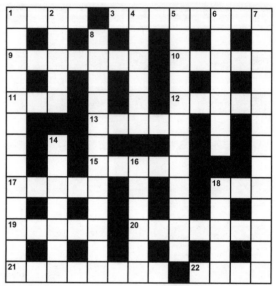

Across

1 Eat like a bird (4)
3 Distresses; troubles (8)
9 Ruled (7)
10 Original (5)
11 Unit of energy (3)
12 Brazilian dance (5)
13 Allot; allocate money (5)
15 Length of yarn on a reel (5)
17 Mark of insertion (5)
18 Distant (3)
19 Arboreal primate (5)
20 Deer meat (7)
21 Gradually diminishing (8)
22 Extravagant publicity (4)

Down

1 Exactly upright (13)
2 Hold on tightly (5)
4 Type of hat (6)
5 Established for a considerable time (4-8)
6 Troglodyte (7)
7 Confidence in one's abilities (4-9)
8 True redesign (anag) (12)
14 Fired clay object (7)
16 Number in a soccer team (6)
18 Questionable (5)

Across

7 Apartment; dwelling (8)
8 Snakelike fish (pl) (4)
9 Wire lattice (4)
10 Assume control of (4,4)
11 Cargo (7)
12 Moves in the wind (5)
15 Slight error due to inattention (5)
17 More jolly (7)
20 Opposite in nature (8)
22 Doubtful (4)
23 Assist (4)
24 Supply money for (8)

Down

1 ___ Williams: tennis star (6)
2 Holy seek (anag) (8)
3 Impartial (7)
4 Tend a fire (5)
5 Famous Roman emperor (4)
6 Drowsy (6)
13 Soldiers (8)
14 Giving a false impression of (7)
16 Makes amends (6)
18 Envelop; surround (6)
19 Domestic cat (5)
21 Knocks lightly (4)

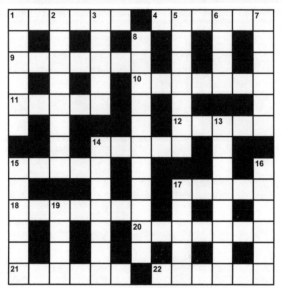

Across

1 Hinder (6)
4 River in South America (6)
9 Sportive (7)
10 Business buildings (7)
11 One who accepts an offer (5)
12 Slabs used for covering roofs (5)
14 Boles (anag) (5)
15 Cuban dance (5)
17 Japanese dish (5)
18 Low wooden footstool (7)
20 Directly and explicitly stated (7)
21 Delegate a task (6)
22 Narrow-necked bottles (6)

Down

1 Attribute or credit to (6)
2 Microscopic organisms (8)
3 Put off; delay (5)
5 People who are poorly adapted to social occasions (7)
6 Metallic element (4)
7 People who care for the sick (6)
8 Large high-explosive bomb (11)
13 Edible marine crustaceans (8)
14 Wanting (7)
15 Stout-bodied insect (6)
16 Locks lips with (6)
17 Flower-part (5)
19 Taverns (4)

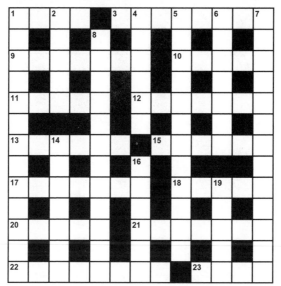

Across

1 Sage (4)
3 Baffling situation or problem (8)
9 Sets fire to (7)
10 Small raft or boat (5)
11 Oarsman (5)
12 Turning over and over (7)
13 List of the constituents of a dish (6)
15 Part of a motor (6)
17 Eccentric person (7)
18 Fish (5)
20 Tiles (anag) (5)
21 Charged (of particles) (7)
22 Dressy clothes (4,4)
23 Nervy (4)

Down

1 Process of making something impervious to moisture (13)
2 Spread by scattering (5)
4 Make certain of (6)
5 Weakening (12)
6 Member of an orchestra (7)
7 Hyperbolically (13)
8 Complementary medicine practitioner (12)
14 Diacritical mark (7)
16 Fastening together with paste (6)
19 Seeped (5)

Across

8 Secret agent (9)

9 Fuss or concern (3)

10 Oar (5)

11 Severe suffering (7)

12 Meals (7)

13 Box lightly (4)

17 Better; sharpen (4)

18 Disgraceful event (7)

22 Pasta pockets (7)

24 Lodging establishment (5)

25 Large motor vehicle (3)

26 Renovate (9)

Down

1 Cook in the oven (5)

2 Mistaken idea (8)

3 Vexing (7)

4 Act in a nervous way (6)

5 Is scared of (5)

6 Challenge to do something (4)

7 Position of the body (7)

14 Banana plant (8)

15 Thus (7)

16 From now on (7)

19 Steep rock faces (6)

20 Calls out like a lion (5)

21 Hawaiian greeting (5)

23 Immense (4)

Crossword 121

Across

1 Glowing with heat (3-3)
5 ___ out: get with great difficulty (3)
7 Limes (anag) (5)
8 Coal bucket (7)
9 Hunt illegally (5)
10 Remittances (8)
12 Give work to (6)
14 Lifts up (6)
17 Large area used for dances (8)
18 Overhangs on roofs (5)
20 Make better (7)
21 Floating platforms (5)
22 Touch lightly (3)
23 Ukrainian port (6)

Down

2 Cry out (7)
3 Precisely (2,3,3)
4 Radar echo (4)
5 Holdings; farms (7)
6 Shuns (7)
7 Fleshy (5)
11 Ran fast (8)
12 Went in (7)
13 Saying (7)
15 Changes gradually (7)
16 Fertile area in a desert (5)
19 Strongbox (4)

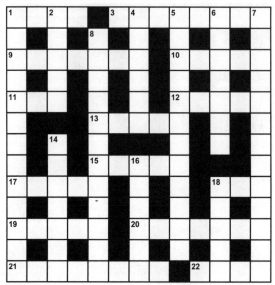

Across

1 Cougar (4)
3 Sound defeat (8)
9 Reached an agreement about (7)
10 Grub (5)
11 Frozen water (3)
12 Large mammal (5)
13 Maintained in a neat condition (5)
15 Norwegian (5)
17 Spent time doing nothing (5)
18 Used to be (3)
19 Pastoral poem (5)
20 Increase in size (7)
21 Abruptly (8)
22 Colors (4)

Down

1 Options available (13)
2 Lacking luster or gloss (5)
4 Radioactive element (6)
5 Unfair (5,3,4)
6 Ordains (anag) (7)
7 Inelegance (13)
8 Badly bruised (5-3-4)
14 Postponed or deferred (7)
16 Revoke a law (6)
18 Fret (5)

Across

1 Place into the discretion of some authority (4)
3 Manufactures (8)
9 Sustain with food (7)
10 At a very slow tempo (music) (5)
11 Correct (5)
12 Fractional part (7)
13 Drank with the tongue (6)
15 Contort; squirm (6)
17 ___ mechanics: branch of physics (7)
18 Tread on forcibly (5)
20 Picture (5)
21 Everywhere (3,4)
22 Engage in contemplation (8)
23 Vehicle on runners used on snow (4)

Down

1 Voice projection through a dummy (13)
2 Moved back and forth (5)
4 Recycle old material (6)
5 Purposefully (12)
6 Small crown (7)
7 Easily angered (5-8)
8 Abuse (12)
14 Poster (7)
16 Effect; force (6)
19 Heavy iron tool (5)

Across

1 Spur on (4)
3 Vessel for melting metals (8)
9 Irrigated (7)
10 Drives out from a position (5)
11 Censure (12)
13 Punctuation mark (6)
15 Part of the eyeball (6)
17 Independent (12)
20 Mature human (5)
21 Frugal (7)
22 Campaigner (8)
23 Soft cheese (4)

Down

1 Undeserving (8)
2 Arise from bed (3,2)
4 Dirges (anag) (6)
5 Sport of running across fields (5-7)
6 Double-reed instrument (7)
7 Compass point (4)
8 Without respect (12)
12 Grotesquely carved figure (8)
14 Agitate (7)
16 Prestige (6)
18 Conclude; reason out (5)
19 Heavy hammer (4)

Across

1 Time of intense difficulty (6)

5 Unjust (6)

8 Tough outer layer (4)

9 Incorporated (8)

10 Flavoring (5)

11 Feeling of sympathy (7)

14 Communicating with (13)

16 Unconventional (7)

18 Portend a particular outcome (5)

20 Seven-sided polygon (8)

22 Therefore (4)

23 Turn down (6)

24 Morally admirable (6)

Down

2 Impervious to water (9)

3 Motorcycle attachment; cocktail (7)

4 Move through water (4)

5 Rare (8)

6 Animal life of a region (5)

7 Deep anger (3)

12 Mountain range in Asia (5,4)

13 Edible snail (8)

15 Skeptic (7)

17 Cleanse the body in water (5)

19 Bite at persistently (4)

21 Organ of sight (3)

Across

1 Auditory receptors (4)
3 All people (8)
9 N American butterfly (7)
10 Collection of ships (5)
11 Dangers (5)
12 Crusher (7)
13 Cut (6)
15 Former Spanish currency (6)
17 Last (7)
18 Eg a Martian (5)
20 Grasping device (5)
21 Enunciate (7)
22 A period of 366 days (4,4)
23 Short tail (4)

Down

1 Concerned with the natural world (13)
2 Wrinkles (5)
4 Journey by boat (6)
5 Cooling device (12)
6 Late (7)
7 Amusement (13)
8 Oppose slurry (anag) (12)
14 Virtuoso solo passage (7)
16 Greek goddess of wisdom (6)
19 Type of chemical bond (5)

Across

7 Keyboard instruments (6)

8 Small oval fruits (6)

9 Fashionable beach resort (4)

10 At all (8)

11 ___ Dunst: US actress (7)

13 Foundation (5)

15 Digression (5)

16 Iffiest (anag) (7)

18 Food of the gods (8)

19 Noble gas (4)

21 Walk very quietly (6)

22 Closing part of a performance (6)

Down

1 The south of France (4)

2 Thoughtless (13)

3 Feeling embarrassed or guilty (7)

4 Capital of Japan (5)

5 Dispiriting (13)

6 Period between two events (8)

12 Inability to sleep (8)

14 Animal with a long neck (7)

17 Made a request (5)

20 Solely (4)

Across

7 Tropical evergreen tree (8)
8 Among (4)
9 Brass instrument (4)
10 One's native country (8)
11 Stopped working (7)
12 Large group of people (5)
15 Opening of a container (5)
17 Buddies (7)
20 Predator (anag) (8)
22 Sheet of glass (4)
23 Vehicle warning device (4)
24 Chief support (8)

Down

1 Refer to indirectly (6)
2 Surname of Judas (8)
3 Become less dark (7)
4 Groups of players (5)
5 Cry out loudly (4)
6 Canned (6)
13 Transgress; disregard (8)
14 Settled in advance (of mail charges) (7)
16 Medium-sized wild cat (6)
18 Pertaining to the teeth (6)
19 Dirty (5)
21 Surface of ice for skating (4)

Across

1 Men (4)
3 Recollect (8)
9 Loosen a hold (7)
10 Temporary stop (5)
11 Resistant to splintering (12)
13 Harbor for small boats (6)
15 Not ethical (6)
17 Unfairly (12)
20 Capital of Egypt (5)
21 Boastful behavior (7)
22 Processed food (8)
23 Definite extent of time (4)

Down

1 Very unpleasant (8)
2 Cassava (5)
4 Time when something ceases to be valid (6)
5 Tentative (12)
6 Woman's bedroom (7)
7 Deer (anag) (4)
8 Bad-tempered (12)
12 Recreational area for children (8)
14 Resounding (7)
16 Functional (6)
18 Pair (5)
19 Race along (4)

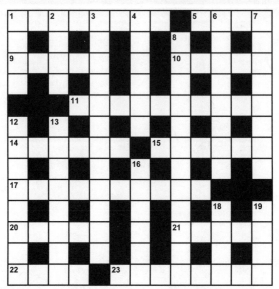

Across

1 Birds of prey (8)
5 Lyric poems (4)
9 Hushed (5)
10 Moved gradually in a specific direction (5)
11 Free from flaws (10)
14 Hurting (6)
15 Mourn the loss of (6)
17 Mail shorts (anag) (10)
20 People considered to be the best (5)
21 Recently (5)
22 Emit an audible breath (4)
23 Equestrian (8)

Down

1 Part of a shoe (4)
2 A great deal (4)
3 Not lessened (12)
4 Background actors (6)
6 Shabby (3-5)
7 Made unhappy (8)
8 Demands or needs (12)
12 Trackless; untrodden (8)
13 Prospering (8)
16 Blanket-like cloak (6)
18 Moved through water (4)
19 Blue-green color (4)

Across

1 Throw a coin in the air (4)
3 Felon (8)
9 Alcoholic drinks (7)
10 Applying (5)
11 Tool used to trim the boundaries of a lawn (5)
12 Farthest away (7)
13 Get away from (6)
15 Two-piece bathing suit (6)
17 First light (7)
18 Instrument for throwing stones (5)
20 Decay (5)
21 Violinist (7)
22 Sprinkling with water (8)
23 Dense growth of trees (4)

Down

1 Blandness (13)
2 Move back and forth (5)
4 ___ Tanner: tennis player (6)
5 Hillside (12)
6 Capital of Kenya (7)
7 Given to thievery (5-8)
8 In a manner that causes a disturbance (12)
14 Outline of a figure (7)
16 Be unbearably loud (6)
19 Ice home (5)

Crossword 132

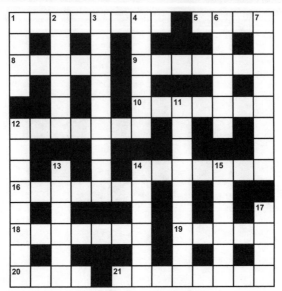

Across

1 Vehicle with one wheel (8)
5 Style of apparel (4)
8 Not at all (5)
9 Phoenix is the capital of this state (7)
10 Become swollen (7)
12 Turned around an axis (7)
14 Manifesting deviation (7)
16 Crease (7)
18 Plans (7)
19 Snake (5)
20 Every (4)
21 Distinct personality of an individual (8)

Down

1 Vases (4)
2 Furnish with power (6)
3 Criterion (9)
4 Hired out (6)
6 Lovers (6)
7 Band worn around the wrist (8)
11 Type of soldier (9)
12 Opposite of proactive (8)
13 Pertaining to life (6)
14 Served (anag) (6)
15 Graduates of a college (6)
17 Vague and indistinct; foggy (4)

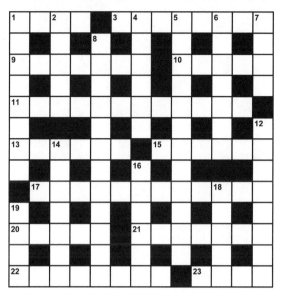

Across

1 Throb (4)
3 Rendered motionless (8)
9 Be made of (7)
10 Covers with soil bound by grass (5)
11 Symphony orchestra (12)
13 Snare (6)
15 Characteristic of a young male (6)
17 Relation by marriage (7-2-3)
20 Long for (5)
21 Musical wind instrument (7)
22 Person who lives somewhere permanently (8)
23 Land surrounded by water (4)

Down

1 Believed to be true (8)
2 Capital of Vietnam (5)
4 Complete (6)
5 Relating to horoscopes (12)
6 Cocktail (7)
7 Fine debris (4)
8 Dispirited (12)
12 Glass container (8)
14 Hardest (anag) (7)
16 Having experienced a total spiritual change (6)
18 Domains (5)
19 Someone who colors cloth (4)

Across

7 Way in which a thing is done (6)

8 Ill-natured (6)

9 Italian acknowledgment (4)

10 Reaching a destination (8)

11 Flat thin implement (7)

13 Parts (anag) (5)

15 Silly trick (5)

16 Husky (7)

18 Having a widespread impact (8)

19 Succulent plant (4)

21 Of a light yellowish-brown color (6)

22 Comment (6)

Down

1 Hired form of transport (4)

2 Regrettably (13)

3 To a large extent (7)

4 Garment worn around the neck (5)

5 Charitable group (9,4)

6 Very plentiful (8)

12 Italian cheese (8)

14 Herb (7)

17 Bites at persistently (5)

20 Belonging to us (4)

Crossword 135

Across

7 In a reflex manner (13)
8 Pertinent (8)
9 Facial skin condition (4)
10 Broke the rules of a game (7)
12 Leg bone (5)
14 Weapon (5)
16 Group of three novels (7)
19 Official language of
   Pakistan (4)
20 Natives of a state (8)
22 Duplicity (6-7)

Down

1 Sovereign male ruler (4)
2 Storehouse for maturing
  wine (6)
3 Chewy candy (7)
4 Threescore (5)
5 Highly seasoned sausage (6)
6 Sloping (8)
11 Vertical space available in
   a car (8)
13 Worried (7)
15 Tiny bits of bread (6)
17 Idly (6)
18 Throbbed (5)
21 One less than ten (4)

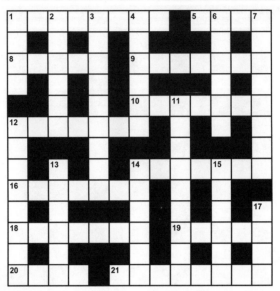

Across

1 Sturdy plain-woven cloth (8)

5 Poke (4)

8 Intense beam of coherent light (5)

9 Citrus fruits (7)

10 Female big cat (7)

12 Plant-eating aquatic mammal (7)

14 Acoustic device (7)

16 Bring an accusation against (7)

18 Point of view (7)

19 Killer whales (5)

20 Periods of 24 hours (4)

21 Siltiest (anag) (8)

Down

1 Common name for sodium chloride (4)

2 Badge of office (6)

3 Large hairy spider (9)

4 Pasta strip (6)

6 Jagged; turbulent (6)

7 Catastrophe (8)

11 Farthest from the center (9)

12 Marked by variety (8)

13 Having acne (6)

14 Ancient unit of weight (6)

15 Bumps into (6)

17 Egyptian goddess (4)

Across

1 Unit of linear measure (4)

3 Relating to speech sounds (8)

9 Retaliation (7)

10 Synthetic fiber (5)

11 Christmas song (5)

12 Capital of Georgia (7)

13 Consisting of words (6)

15 Light spongy food (6)

17 Say again (7)

18 Relating to vision (5)

20 Type of cap (5)

21 View or judgment (7)

22 Writer of literary works (8)

23 Eg a clog (4)

Down

1 Irretrievable (13)

2 Guard from attack (5)

4 Carnivorous mammals (6)

5 Not intoxicating (of a drink) (12)

6 Skills (7)

7 Process of getting better after an illness (13)

8 Nastily (12)

14 Frequently visited places (7)

16 Idols (6)

19 Upper part of the leg (5)

Across

1 Capital of Canada (6)
7 Cover with ice or snow (8)
8 Lipid (3)
9 Isolated inlet of the sea (6)
10 Part of the foot (4)
11 Sea duck (5)
13 Declare openly (7)
15 Title of courtesy (7)
17 Disregard rules (5)
21 Large deer (pl) (4)
22 Selfish person (6)
23 Small abundant insect (3)
24 Unauthorized writing on walls (8)
25 Reduce to small pieces (6)

Down

1 Workplace (6)
2 Named (6)
3 Softly radiant (5)
4 Moneymakers (7)
5 Legitimate (8)
6 Capital of Greece (6)
12 Mix small drops of two liquids together (8)
14 Metalloid poisonous element (7)
16 Payment for regular work (6)
18 Get hold of (6)
19 Roofing material (6)
20 First tone of a scale (5)

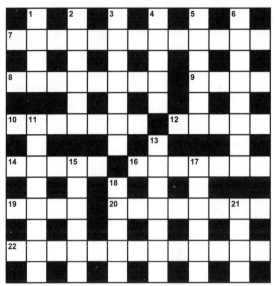

Across

7 Materialization (13)
8 Beetle that infests timber (8)
9 Masticate (4)
10 Nonconformist (7)
12 Functions (5)
14 Blunder (5)
16 An acted riddle (7)
19 Agitate a liquid (4)
20 Key support (8)
22 Covert and often illegal (5-3-5)

Down

1 Ring of light around the head (4)
2 Violin (6)
3 Popular; common (7)
4 Building blocks of elements (5)
5 Fine plaster (6)
6 Part of the face (8)
11 Uplifting (8)
13 Showed gratitude (7)
15 Military bodies (6)
17 Warm again (6)
18 Fabric (5)
21 Woes; problems (4)

Crossword 140

Across

7 Relating to meaning in language (8)

8 Translucent chalcedony (4)

9 Extinct bird (4)

10 Grandiosity of language (8)

11 Soaked or saturated in liquid (7)

12 Gives a meal to (5)

15 Declares to be the case (5)

17 Show to be reasonable (7)

20 Bodily (8)

22 Rotate (4)

23 Gaze at in an unpleasant way (4)

24 Reduced (8)

Down

1 Expel from a country (6)

2 Wrecker (8)

3 Commenced (7)

4 Type of small fastener (5)

5 Symbol adopted by an organization (4)

6 Innumerable (6)

13 Gives a right to (8)

14 Optimistic about one's prospects (7)

16 Plant with deep purple flowers (6)

18 Counterfeit (6)

19 Comical; funny (5)

21 Meat from a pig (4)

Across

1 Soothe (4)
3 Powerful cutting tool (5,3)
9 Random criticism (7)
10 Declare invalid (5)
11 Asserted the opposite of a statement (12)
14 Touch gently (3)
16 Summons a taxi (5)
17 Sound of a cow (3)
18 Trait of lacking courage (12)
21 Drape (anag) (5)
22 Formally hand over (7)
23 Supreme authority (8)
24 Musical instrument (4)

Down

1 Maximum number a stadium can hold (8)
2 Language of the Romans (5)
4 Smack (3)
5 Not able to be reached (12)
6 Ray of natural light (7)
7 Join together by heating (4)
8 Long-stemmed clay pipe (12)
12 Removed water from (5)
13 Interpret in a certain way (8)
15 Schedule of activities (7)
19 Representative (5)
20 Begin to drill an oil well (4)
22 Pair (3)

Crossword 142

Across

7 Acceptability (of evidence) (13)
8 Journey across (8)
9 Gins (anag) (4)
10 Undress (7)
12 Compartment (5)
14 Male deer (pl) (5)
16 Protective coverings (7)
19 Mythical giant (4)
20 Prickling sensation (8)
22 Disloyalty (13)

Down

1 Smell (4)
2 Precious metal (6)
3 Assign (7)
4 Receded (5)
5 Fluid part of blood (6)
6 Strikingly beautiful (8)
11 Included as part of the whole (8)
13 See for oneself (7)
15 Hotel patrons (6)
17 Doing nothing (6)
18 No longer fresh (of bread) (5)
21 Home for a bird (4)

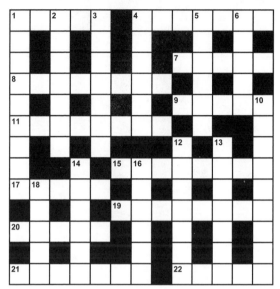

Across

1 Sheep enclosures (5)

4 Inventor (7)

7 Worries (5)

8 Teaching (8)

9 Prick painfully (5)

11 Provoking (8)

15 Device that chops up documents (8)

17 Special reward (5)

19 Stalemate (8)

20 Worship (5)

21 Communicating with God (7)

22 Bloodsucking arachnids (5)

Down

1 Brawl (9)

2 Involving unsophisticated technology (3-4)

3 Notched like a saw (7)

4 Large artillery gun (6)

5 Expose to fresh air (6)

6 Many times (5)

10 Praises highly (9)

12 Long tapering flag (7)

13 Stupid (7)

14 Justly (6)

16 Frankfurter served in a roll (3,3)

18 Traveler on horseback (5)

Crossword 144

Across

1 In prison (6)
5 Mineral deposit (3)
7 Houses for bees (5)
8 To some extent (7)
9 Make a search (5)
10 Give new meaning to (8)
12 Thieves (6)
14 Wild animals (6)
17 Outwit (8)
18 Large body of water (5)
20 Horse feeder (7)
21 Moneys owed (5)
22 Form of address for a
   married woman (3)
23 Agreement (6)

Down

2 Most tidy (7)
3 Loss of power or status (8)
4 Days before major events (4)
5 Diffusion of molecules
   through a membrane (7)
6 Drains (7)
7 Songs of praise (5)
11 Continues obstinately (8)
12 Word having a similar
   meaning to another (7)
13 Relaxes a deadline (7)
15 Ground (7)
16 Rotates (5)
19 Pen points (4)

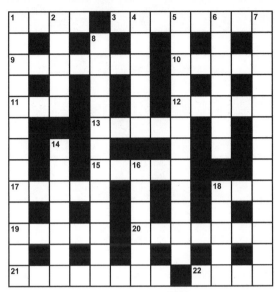

Across

1 Fermented beverage (4)
3 Complete; total (8)
9 Multiplied by three (7)
10 Type of levy (5)
11 Newt (3)
12 Fastening together with string (5)
13 Foot traveler (5)
15 Rim or environs of an area (5)
17 Dog (5)
18 Pouch containing a fluid (3)
19 Change (5)
20 Generally (7)
21 Generosity (8)
22 Extremely (4)

Down

1 Iridescent inner layer of a shell (6-2-5)
2 Prevent (5)
4 Decorate; adorn (6)
5 Fully extended (12)
6 Undoing a knot (7)
7 Actively; vigorously (13)
8 Frame on which to hang garments (12)
14 Paper used to absorb ink (7)
16 Expressions (6)
18 Remove hair (5)

Crossword 146

Across

7 Disintegration (13)
8 Game involving a long-handled stick (8)
9 Wicked (4)
10 Envelop; swathe (7)
12 Item of value (5)
14 Perhaps (5)
16 Concerned excessively with oneself (7)
19 Member of a religious community (4)
20 Draw by suction (8)
22 Authoritative declaration (13)

Down

1 Greek cheese (4)
2 Made bitter (6)
3 Early Christian teacher (7)
4 Fire remains (5)
5 Speaks (6)
6 Sanctity (8)
11 Implements used in fighting (8)
13 Subject to persistent nagging (7)
15 Cooking in the oven (6)
17 Public meeting places (6)
18 Not clearly stated (5)
21 Set the pitch of an instrument (4)

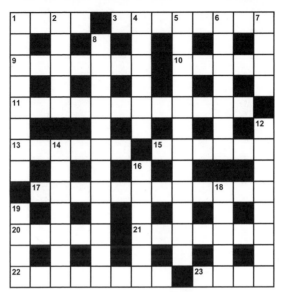

Across

1 Eg use a straw (4)
3 Puts up with (8)
9 Devise beforehand (7)
10 Expressing direct emotion (5)
11 Abnormal anxiety about one's health (12)
13 Revolving around an axis (of motion) (6)
15 South American cowboy (6)
17 Combination of companies into a single body (12)
20 Follows orders (5)
21 Fragment (7)
22 Stupidly (8)
23 Legend (4)

Down

1 Blue gem (8)
2 Inexpensive (5)
4 Type of muscle (6)
5 Exaggerated or overemotional (12)
6 Pertaining to the heart (7)
7 Hit forcefully (4)
8 Decomposition by a current (12)
12 Of the highest quality (3-5)
14 Storm (7)
16 Altars (anag) (6)
18 Suggest (5)
19 Not stereo (4)

Crossword 148

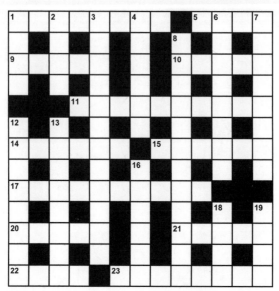

Across

1 A heavy rain (8)
5 Potassium salt (4)
9 Freight carried on a ship (5)
10 Sticky sap (5)
11 Enough (10)
14 Removes from a property (6)
15 Affected person (6)
17 Groundless (10)
20 Rustic (5)
21 Ahead of time (5)
22 Conceal (4)
23 Measurement in cooking (8)

Down

1 Web-footed bird (4)
2 Put on clothes (4)
3 Lucid poverty (anag) (12)
4 Dangerous (6)
6 Person who hears a conversation (8)
7 Gremlins (8)
8 Courtesy (12)
12 Damage the reputation of (8)
13 Envisioned in the mind (8)
16 Pass by (of time) (6)
18 Therefore (4)
19 Church song (4)

Across

1 Part of a dress (6)

7 Credulous (8)

8 Tropical constrictor (3)

9 Glimpsed (6)

10 Call to mind (4)

11 Nosed (anag) (5)

13 Period of very low precipitation (7)

15 Back up (7)

17 Iron alloy (5)

21 Nothing (4)

22 Cell centers (6)

23 One and one (3)

24 Higher in rank (8)

25 Learned person (6)

Down

1 Cylinder holding thread (6)

2 Covered loosely with cloth (6)

3 Where one finds Cairo (5)

4 Light aircraft without engines (7)

5 Reduction in price (8)

6 Malfunction (6)

12 Researched a subject in detail (8)

14 Frenzied (7)

16 Of practical benefit (6)

18 Left (6)

19 Plan or design of something (6)

20 Low steep slope (5)

Across

1 Large estate; plantation (8)
5 Swindle (4)
9 Public square (5)
10 Tony ___ : former British Prime Minister (5)
11 Firmly established (4-6)
14 Set in a bent position (6)
15 Dig a hole (6)
17 Plans of action (10)
20 Twilled cotton fabric (5)
21 Apply pressure (5)
22 Come across (4)
23 Pursuit of pleasure (8)

Down

1 Jumps on one leg (4)
2 Fill to capacity (4)
3 Aggravation (12)
4 Hangs down limply (6)
6 Book sections (8)
7 Reduce the price of (4,4)
8 Lowest possible temperature (8,4)
12 Pepper plant (8)
13 Severe headache (8)
16 Pay no attention to (6)
18 Penultimate round of a tournament (abbr) (4)
19 Basic unit of an element (4)

Across

1 Thin plate or scale (6)
4 Saunterer (6)
9 Fix deeply into the mind (7)
10 Multiplied by two (7)
11 Seven (anag) (5)
12 Ornamental climbing vines (5)
14 Plantain lily (5)
15 Hidden storage space (5)
17 Track of a wild animal (5)
18 Slight cold (7)
20 Tidies (7)
21 Metamorphic rock (6)
22 Tropical fly (6)

Down

1 Linger (6)
2 Very charismatic (of personality) (8)
3 Approaches (5)
5 Small detail (7)
6 Quieten down (4)
7 Donors (anag) (6)
8 Recommendation of a product (11)
13 Shameless (8)
14 Young cows (7)
15 Universe (6)
16 Fish with thick lips (6)
17 Cleaning implements (5)
19 Skin irritation (4)

Across

8 Dug up (9)

9 Unit of current (3)

10 Textile machines (5)

11 Beat comprehensively (7)

12 Account books (7)

13 Unit of linear measure (4)

17 Car (abbr) (4)

18 At minimum expense (7)

22 Execute a task (7)

24 Devil ray (5)

25 Moderately dry (of champagne) (3)

26 The detailed planning of an operation (9)

Down

1 Type of pen (5)

2 Replant trees (8)

3 Omen (7)

4 Paler (6)

5 Goodbye (in Spain) (5)

6 Unpleasant sensation (4)

7 Distributes (7)

14 Legendary island (8)

15 Hats rip (anag) (7)

16 Type of fortune-teller (7)

19 Expression of high regard (6)

20 Tree with spiked leaves (5)

21 Wrong (5)

23 Move back and forth (4)

Across

1 Urge forcefully (6)
4 Sample of cloth (6)
9 Recently created (7)
10 Nominal (7)
11 Annoying (5)
12 Lover of Juliet (5)
14 Sea nymph (5)
15 Liquid measure (5)
17 Believer in God (5)
18 Art of paper folding (7)
20 Choose and follow (7)
21 Sayings (6)
22 Impudent (6)

Down

1 Canvas covering (6)
2 Middle Eastern dish (8)
3 All (5)
5 Occidental (7)
6 Work hard (4)
7 Coiffure (6)
8 Official bodies (11)
13 Treatment for the hands and nails (8)
14 Layer or band of rock (7)
15 Number needed for a valid vote (6)
16 Hard and determined (6)
17 Extent (5)
19 Wild mountain goat (4)

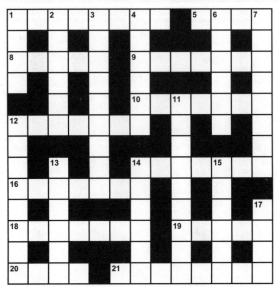

Across

1 Robots (8)
5 Lash (4)
8 Break out with force (5)
9 220 yards (7)
10 Look something over (7)
12 Chasms (7)
14 Mammal of the weasel family (7)
16 Thieves (7)
18 Large deer (7)
19 Steeple (5)
20 Ark builder (4)
21 Exterior of a motor vehicle (8)

Down

1 Unreturnable tennis serves (4)
2 Sullenly (6)
3 Unduly noticeable (9)
4 Refuses to obey (6)
6 Cheer that expresses joy (6)
7 Boxer (8)
11 Infinitely (9)
12 Native of the United States (8)
13 Spain and Portugal (6)
14 Not genuine; spurious (6)
15 Cotton cloth (6)
17 Not strong (4)

Across

1 Touches gently (4)

3 The art of drawing (8)

9 Bundles of a cereal grass (7)

10 Imitative of the past (5)

11 Seed vessel (3)

12 Number after seven (5)

13 Upright (5)

15 Lively Bohemian dance (5)

17 Large farm (5)

18 Disapproving sound (3)

19 Facial protuberances (5)

20 Draws aimlessly (7)

21 Passing (of time) (8)

22 Wet with condensation (4)

Down

1 Evanescence (13)

2 Mix together smoothly (5)

4 Live (in) (6)

5 Prolongation (12)

6 Whole number (7)

7 Impulsively (13)

8 Exaggeration (12)

14 Country in N Africa (7)

16 Heavy; slow (6)

18 Rounded swelling (5)

Crossword 156

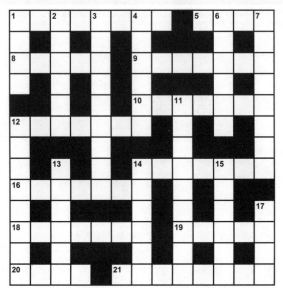

Across

1 Wedlock (8)
5 Plant yield (4)
8 Edible bulb (5)
9 Single eyeglass (7)
10 Poems that express sorrow (7)
12 Shining (7)
14 Facility where military aircraft are located (3,4)
16 Highest mountain (7)
18 European country whose capital is Tallinn (7)
19 Maladroit (5)
20 Mud (4)
21 Gossip (8)

Down

1 Sound of a cat (4)
2 Attacked at speed (6)
3 Lack of knowledge (9)
4 Small tool for boring holes (6)
6 Pull back from (6)
7 Feeling of enjoyment (8)
11 One who holds radical views (9)
12 Clergyman (8)
13 Alloy containing tin (6)
14 Join; fasten (6)
15 Anew (6)
17 Proofreader's mark (4)

Across

7 Subject to death (6)
8 Relishes (6)
10 Not overtly religious (7)
11 Electronic communication (5)
12 At any time (4)
13 Sea inlet (5)
17 Feelings and emotions (5)
18 Reflection of sound (4)
22 Hymn of praise (5)
23 Liquid made with eggs and milk (7)
24 Tinned (6)
25 Crisp tart apple (6)

Down

1 Broke into pieces (7)
2 Duped (7)
3 Jump over (5)
4 Discard from memory (7)
5 Precious stone (5)
6 Sacred song (5)
9 Bias (9)
14 Had value or significance (7)
15 Fragmentary (7)
16 Rendering invalid (7)
19 Glasses (abbr) (5)
20 Make a pretense of (5)
21 Up and about (5)

Crossword 158

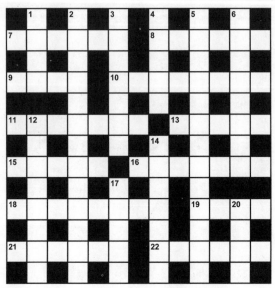

Across

7 Nearer (anag) (6)
8 Person who looks after livestock (6)
9 Sixty minutes (4)
10 Squander money (8)
11 Induct into an office (7)
13 Made a mistake (5)
15 Verge (5)
16 Least attractive (7)
18 Will (8)
19 Flaring star (4)
21 Detective (6)
22 Real (6)

Down

1 Part of a pedestal of a column (4)
2 Modest (13)
3 Easy to break into small pieces (7)
4 Ethos (anag) (5)
5 Commensurate (13)
6 Wanders (of a stream) (8)
12 Barely (8)
14 Underlying plans (7)
17 Supple (5)
20 Flesh of a young calf (4)

Across

7 Flatly; absolutely (13)
8 Person who turns up to an event (8)
9 Gulls (4)
10 Country in N Europe (7)
12 State of utter confusion (5)
14 Personnel at work (5)
16 Evaluating (7)
19 Vertical spar on a boat (4)
20 Films about cowboys (8)
22 Mindfulness (13)

Down

1 Horse-drawn vehicle (4)
2 Restore honor (6)
3 Large vultures (7)
4 Animal with two feet (5)
5 Heat (6)
6 Decline in economic activity (8)
11 Participants in a competition (8)
13 Having joined characters (of writing) (7)
15 Male parent (6)
17 Putting lawns in golf (6)
18 Blows; hits swiftly (5)
21 Eat a snack (4)

Crossword 160

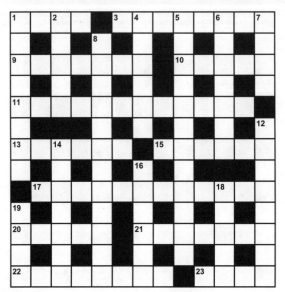

Across

1 Killer whale (4)
3 Soft leather shoe (8)
9 Flower shop (7)
10 Country in the Himalayas (5)
11 Compulsory military service (12)
13 Full of eagerness (6)
15 Coercion (6)
17 Overwhelming (12)
20 Detailed assessment of accounts (5)
21 Lines of pressure on maps (7)
22 Living in (8)
23 Vipers (4)

Down

1 People holding positions of authority (8)
2 Sing softly (5)
4 Deceive with ingenuity (6)
5 Building; edifice (12)
6 Speculate (7)
7 Longest river in the world (4)
8 Unplugged (12)
12 Evaluates (8)
14 Elaborate wall behind an altar (7)
16 Part of a bird's wing (6)
18 Copper and zinc alloy (5)
19 Just and unbiased (4)

Across

8 Able to produce a desired outcome (9)
9 Great sorrow (3)
10 The beginning of something (5)
11 Reconstruct (7)
12 Unhappy (7)
13 Having pains (4)
17 Follow orders (4)
18 Broke free from confinement (7)
22 Old Greek currency (7)
24 Entertain (5)
25 Issue legal proceedings (3)
26 Manufacturing plants (9)

Down

1 Sweet gourd eaten as a fruit (5)
2 Situated at sea (8)
3 Sharply (7)
4 Exaggerated pride (6)
5 Conspicuous feather (5)
6 Inspired by reverence (4)
7 Moves troops into position (7)
14 Angelic (8)
15 Female deity (7)
16 Model of excellence (7)
19 Complex carbohydrate (6)
20 Move (5)
21 Untidy (5)
23 Chopped wood (4)

Across

7 Spanish-speaking quarter (6)
8 Immature insects (6)
9 Strategy (4)
10 Eg from Cairo (8)
11 Radioactive element (7)
13 Plentiful (5)
15 Bitterly pungent (5)
16 Tangible (7)
18 Fail to look after properly (8)
19 Toothed implement for the hair (4)
21 Rest (6)
22 Express admiration for another (6)

Down

1 Shopping area (4)
2 Way of saying a word (13)
3 Conceal information (5-2)
4 Engages in a game (5)
5 Expert in numerical calculations (13)
6 Never converging or diverging (of lines) (8)
12 Chair with an adjustable back (8)
14 Portable computers (7)
17 Less (5)
20 Has to (4)

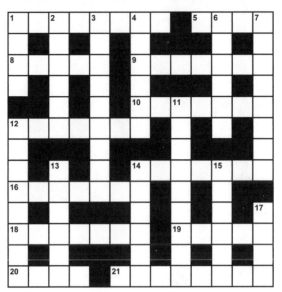

Across

1 Person who shapes stone (8)
5 Imitated (4)
8 Porcelain (5)
9 Shock greatly (7)
10 ___ scale: measures the strength of earthquakes (7)
12 Large artillery guns (7)
14 Security device (7)
16 Advice given (7)
18 Failing (7)
19 Military opponent (5)
20 Soap foam (4)
21 People who treat teeth (8)

Down

1 Very; especially (4)
2 Agreement or harmony (6)
3 Raised horizontal surfaces (9)
4 Throes (anag) (6)
6 Statue base (6)
7 Dawn (8)
11 Seasoning (9)
12 Tartar (8)
13 Knocked into (6)
14 Epidemic disease (6)
15 Commands (6)
17 Farewells (4)

Crossword 164

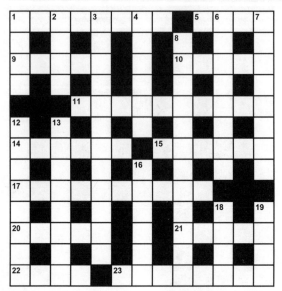

Across

1 Wanting (8)
5 Plant used to flavor food (4)
9 Rule (5)
10 Coral island (5)
11 Permanence; ability to resist force (10)
14 Remains (6)
15 Rough shelter (4-2)
17 Structure that carries genetic information (10)
20 Subatomic particle (5)
21 Destiny; fate (5)
22 Pairs (4)
23 Alienate (8)

Down

1 Mend with rows of stitches (4)
2 Smart item of clothing (4)
3 Denial (12)
4 Candy containing nuts (6)
6 Feelings (8)
7 Excited commotion (8)
8 Skilled joiner (12)
12 Uncomplimentary remark (8)
13 In the open air (8)
16 Takes the place of (6)
18 Smile broadly (4)
19 Visage (4)

Crossword 165

Across

8 Exculpate (9)

9 Possess (3)

10 Repair machinery for further use (5)

11 Vegetation (7)

12 Wandered off track (7)

13 Mass of floating ice (4)

17 Restraining influence (4)

18 Medium (7)

22 Eg natives of Berlin (7)

24 Upward; higher (5)

25 Bind (3)

26 Type of conference (9)

Down

1 Hollow muscular organ (5)

2 Colored paper thrown at weddings (8)

3 Pivotal (7)

4 Eurasian shrub (6)

5 Brings up; raises (5)

6 Cloud of gas around a comet (4)

7 Be subjected to (7)

14 Intermittent (8)

15 Warship (7)

16 Eight-sided shape (7)

19 Plant with oil-rich seeds (6)

20 Garden flower (5)

21 Sewing joints (5)

23 Regrets (4)

Crossword 166

Across

1 Loan shark (6)
5 Where crops are grown (6)
8 Extreme anger (4)
9 Journeyed (8)
10 Polyphonic choral composition (5)
11 Remaining (7)
14 Mawkishly (13)
16 Tool for cutting wood (7)
18 Circular water container (5)
20 Criticize severely (3-5)
22 Fluent but insincere and shallow (4)
23 Blurred mark (6)
24 Put right (6)

Down

2 Ongoing television serial (4,5)
3 Vote into office again (7)
4 Long deep tracks (4)
5 Squashes (8)
6 Reflective or pensive poem (5)
7 Owed and payable (3)
12 Invalidated (9)
13 Not ripe (of fruit) (8)
15 Mercury alloy (7)
17 Vaulted (5)
19 Singe; burn (4)
21 Goal (3)

Across

8 Be characteristic of; illustrate (9)
9 Liquid used for washing (3)
10 One that arrives (5)
11 Country in the Persian Gulf (7)
12 Senselessness (7)
13 Portent (4)
17 Entrance corridor (4)
18 Climbing up and over (7)
22 Easier to see (7)
24 Store of valuable things (5)
25 Eg oxygen or nitrogen (3)
26 Secretly (9)

Down

1 Type of tree (5)
2 Final; ultimate (8)
3 Frugal (7)
4 Choice morsel of food (6)
5 Fictitious stories (5)
6 Earnest appeal (4)
7 Significance (7)
14 Workforce (8)
15 The Windy City (7)
16 Floating wreckage of a ship (7)
19 Ben ___ : US golfer (6)
20 Something worthless (5)
21 Precious stone (5)
23 Otherwise (4)

Crossword 168

Across

1 Exaggerate (6)
4 Basement (6)
9 Chest for implements (7)
10 Building entrances (7)
11 Polynesian language (5)
12 Winds into spirals (5)
14 Forced absence from one's country (5)
15 Chopped finely (5)
17 Excuse used to avert blame (5)
18 Household water container (7)
20 Popular myths (7)
21 Loses consciousness (6)
22 Colorless flammable gas (6)

Down

1 Top aim (anag) (6)
2 Profitable (8)
3 One of the United Arab Emirates (5)
5 Clasp (7)
6 Thin strip of wood (4)
7 Cooks in an oven (6)
8 Justifiable (11)
13 Badge (8)
14 Copy; version (7)
15 Rubbish (6)
16 Fine lightweight fabric (6)
17 Anxiety (5)
19 Group of three (4)

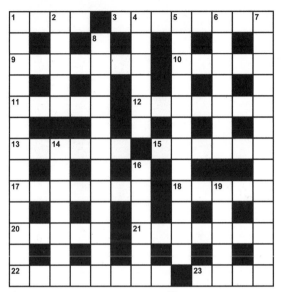

Across

1 Curved shape (4)
3 Perfumes (8)
9 Slender stemlike appendage of a plant (7)
10 Try out (5)
11 Olfactory perception (5)
12 Having a mournful quality (7)
13 Stimulate; stir up (6)
15 Fire-breathing monster (6)
17 Device for connecting two parts of an apparatus (7)
18 Possessing outstanding qualities (5)
20 Prologue (abbr) (5)
21 Former student (7)
22 Neat clue (anag) (8)
23 Saw; observed (4)

Down

1 Realization (13)
2 Willing type of attitude (3-2)
4 Eg one who tackles a crossword (6)
5 Someone who sets up their own business (12)
6 Upper interior surface of a room (7)
7 Openly acknowledged by oneself (4-9)
8 Swimming technique (12)
14 Extremely disordered (7)
16 Straying from the right course (6)
19 Young rabbit (5)

Crossword 170

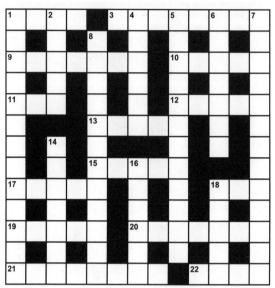

Across

1 Soft hair of a sheep (4)
3 Most distant (8)
9 Return to poor health (7)
10 State of disgrace (5)
11 Small fruit seed (3)
12 Brought forth (5)
13 Genuflect (5)
15 Bird homes (5)
17 Long-___ owl: type of bird (5)
18 Consumed food (3)
19 Bog or marsh (5)
20 Hammered (7)
21 Impulsiveness (8)
22 Not imaginary (4)

Down

1 Computer program used for writing documents (4,9)
2 Woodland primula (5)
4 Road (6)
5 Find and resolve problems (12)
6 Regimes (anag) (7)
7 Unpredictable (13)
8 Spotlessly clean (5-3-4)
14 High-pitched cries (7)
16 Releases eggs (of a fish) (6)
18 Tiny aquatic plants (5)

Crossword 171

Across

1 Pay back money (6)
4 Pasted (anag) (6)
9 Flat highland (7)
10 Nasal opening (7)
11 Loose rock on a slope (5)
12 Rejuvenate (5)
14 Trick (5)
15 Saying (5)
17 Large deer (5)
18 Denoting knowledge based on theoretical deduction (1,6)
20 Flightless bird (7)
21 Arousing from slumber (6)
22 Item of stationery (6)

Down

1 Meal (6)
2 Having a pleasing scent (8)
3 Female relation (5)
5 Sweet course of a meal (7)
6 Cause to flow (4)
7 Old World broad-leaved willow (6)
8 Marks used in text such as a comma or colon (11)
13 People of no influence (8)
14 Temporary stay (7)
15 Tract of grassland (6)
16 Lower (6)
17 Liturgical headdress (5)
19 Status (4)

Crossword 172

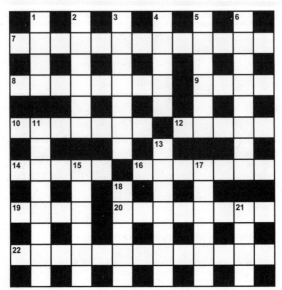

Across

7 Extremely memorable (13)

8 Moderately rich; prosperous (4-2-2)

9 Small shoot or branch (4)

10 Commanded; declared (7)

12 Speed in nautical miles per hour (5)

14 Incantation (5)

16 Parachute opener (7)

19 Good quality soil (4)

20 Imitative work (8)

22 Voice projection artist (13)

Down

1 A single time (4)

2 Humorous blunder (6)

3 Pays no attention to (7)

4 Got to one's feet (5)

5 Make plump (6)

6 Monastic establishment (8)

11 In work (8)

13 Nuclear reaction (7)

15 Boundaries (6)

17 Exclusive circle (6)

18 Break up (5)

21 Seed case (4)

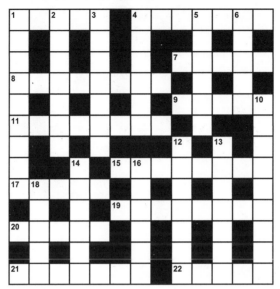

Across

1 Overly self-confident (5)
4 European country (7)
7 Performer (5)
8 Trestles (anag) (8)
9 Eg taste or touch (5)
11 Quality of being domesticated (8)
15 Clock timing device (8)
17 Cut (5)
19 Oil and water mix (8)
20 Records on tape (5)
21 Equality of political rights (7)
22 Happen as a result (5)

Down

1 Magnetic storage devices (9)
2 Outfit (7)
3 Screaming (7)
4 Warning sirens (6)
5 Tag; label (6)
6 Golf clubs (5)
10 Eradicate (9)
12 Flatter (7)
13 Drenches with a sudden flow (7)
14 Keen insight (6)
16 Hatred (6)
18 Slender pointed and headed fasteners (5)

Crossword 174

Across

7 Attack with severe criticism (6)
8 Where one finds Carson City (6)
10 Wavering effect in a musical tone (7)
11 Smash (5)
12 Lose strength or effectiveness (4)
13 Short written work (5)
17 Remains (5)
18 Fail to hit a target (4)
22 Folded back part of a coat (5)
23 More circular (7)
24 Lasted (anag) (6)
25 Attractively; sweetly (6)

Down

1 Form of a chemical element (7)
2 Kneecap (7)
3 Palpitate (5)
4 Difficulty (7)
5 Issued a challenge to another (5)
6 Duties (5)
9 Enclosure adjacent to a building (9)
14 Played for time (7)
15 Wicked act (7)
16 Fish-eating birds of prey (7)
19 Shine on a smooth surface (5)
20 Thin member of a back of a chair (5)
21 Braid of hair (5)

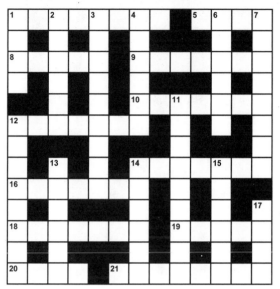

Across

1 Engravings (8)
5 Ostrichlike bird (4)
8 Precise (5)
9 Try (7)
10 Fur fame (anag) (7)
12 Painters (7)
14 Annoying (7)
16 Halfway point of a period of office (7)
18 Country in W Africa (7)
19 Authoritative proclamation (5)
20 Moderately well (2-2)
21 Plant used as a herb (8)

Down

1 Fencing sword (4)
2 Swiss dwelling (6)
3 Tending to get in the way; meddlesome (9)
4 Scratches (6)
6 Nonsense (6)
7 Trick (8)
11 One who obtains money illegally (9)
12 Illnesses (8)
13 Sayings (6)
14 Brownish antelope (6)
15 In the ___ : likely to happen soon (6)
17 Amaze (4)

Crossword 176

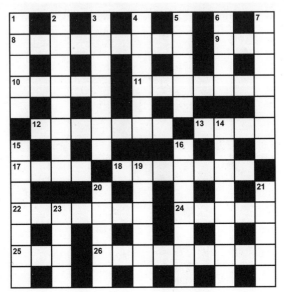

Across

8 Large breed of dog (5,4)
9 Self-esteem (3)
10 One who always makes an effort (5)
11 Declaring (7)
12 Word formed from the letters of another (7)
13 By ___ of: because of (4)
17 Surrounding glow (4)
18 Easily seen (7)
22 Japanese dish of raw fish (7)
24 Natural elevation (5)
25 Pear-shaped fruit (3)
26 Accepted as true (9)

Down

1 Semiprecious quartz (5)
2 Novice (8)
3 Memory (7)
4 Large oblong yellow fruit (6)
5 Mortise partner (5)
6 Abominable snowman (4)
7 Fearless; valiant (7)
14 Deluge (8)
15 Fraudulently alter (7)
16 Thready (7)
19 Constructs (6)
20 Infective agent (5)
21 Gives temporarily (5)
23 Indication; portent (4)

Crossword 177

Across

7 Scarcity (6)
8 Responds to (6)
9 Allot (4)
10 School for the priesthood (8)
11 Perform in an exaggerated manner (7)
13 Proposal (5)
15 Adult females (5)
16 Fresh and invigorating (7)
18 Beneficiaries of wills (8)
19 Area of a church (4)
21 Weighing machines (6)
22 Make a liquid thinner by adding water (6)

Down

1 Give up (4)
2 Unrecoverable (13)
3 Science of matter and energy (7)
4 Cause to become wavy (5)
5 Splendidly (13)
6 Large fish (8)
12 Aggressive use of force (8)
14 Exercise guidance or control (7)
17 Recycle (5)
20 Animal doctors (4)

Crossword 178

Across

8 With one's identity hidden (9)
9 Excellent tennis serve (3)
10 Subway (5)
11 Extremely attractive person (7)
12 Small explosive bomb (7)
13 Young men (4)
17 Word that ends a prayer (4)
18 Learned person (7)
22 Medieval name for Wales (7)
24 Health professional (5)
25 Naturally disposed toward (3)
26 Thrown into confusion (9)

Down

1 ___ Carter: former President (5)
2 Totally exempt from obligation (4-4)
3 Stuck on the bottom (of a ship) (7)
4 Not impartial (6)
5 Public meeting for open discussion (5)
6 First light of the day (4)
7 Return to a worse state (7)
14 Sprightliness (8)
15 Relating to Easter (7)
16 Exhausted (4-3)
19 Proviso in a contract (6)
20 Newlywed (5)
21 Small decorative balls (5)
23 Silent (4)

Across

1 Associate familiarly (6)
5 Graphical representation of a person (6)
8 Flutter (4)
9 Intelligentsia (8)
10 Use to one's advantage (5)
11 Airplane employee (7)
14 Crude but effective (5-3-5)
16 Sterile (7)
18 Exhausted (5)
20 Value greatly (8)
22 Protective crust (4)
23 Call for (6)
24 Not real or genuine (6)

Down

2 Totally unaware of (9)
3 Biting sharply (7)
4 Invoice (4)
5 Innate ability (8)
6 Pointed projectile (5)
7 Statute (3)
12 Superfluous (9)
13 Regular; usual (8)
15 Shows up; reveals (7)
17 Stage (5)
19 Ewer (anag) (4)
21 Tear (3)

Across

1 Face (anag) (4)
3 Relating to sound (8)
9 Dark pigment in skin (7)
10 Dish originally from Italy (5)
11 Run away with a lover (5)
12 Biggest (7)
13 State of extreme dishonor (6)
15 Nocturnal arboreal
  marsupial (6)
17 Provokes; stirs up (7)
18 Supplementary component (3-2)
20 Evade or escape from (5)
21 Release from a restraint (7)
22 Christmastide (8)
23 Pace (4)

Down

1 Priced in a way that
  compares well with other
  items on the market (of a
  product) (13)
2 Leaf of a book (5)
4 Artificial waterways (6)
5 Inexcusable (12)
6 People who test the quality
  of food (7)
7 Artisanship (13)
8 Sporadic (12)
14 Pertaining to actuality (7)
16 Distributed (6)
19 Preliminary sketch or
  version (5)

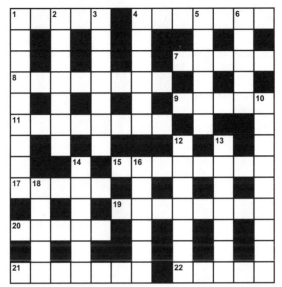

Across

1 About (5)

4 Introductory performance (7)

7 Shaped like an egg (5)

8 Person who is perfectly suited to another (4,4)

9 Greek fabulist (5)

11 Ruminant deerlike mammal (8)

15 Beneficially (8)

17 Long poems (5)

19 Captive (8)

20 Flat surface (5)

21 Sport using swords (7)

22 Imaginary spirit of the air (5)

Down

1 John ___ : English painter (9)

2 Repay (7)

3 Irregularity (7)

4 Closely held back (4-2)

5 Taxed (6)

6 Mark of repetition (5)

10 Lie detector (9)

12 Compensates for (7)

13 Soft twilled wool fabric (7)

14 Symbolic (6)

16 Grunts (anag) (6)

18 Beat; throb (5)

Crossword 182

Across

8 Bestowal (9)
9 Enclosed motortruck (3)
10 Does not succeed (5)
11 Contrary to (7)
12 Sleep (4-3)
13 First man (4)
17 Slender; thin (4)
18 ___ Joan Hart: US actress (7)
22 Attack continuously (7)
24 Allowed by law (5)
25 Research place (abbr) (3)
26 Lateness (9)

Down

1 Scratch the surface of (5)
2 Short sentence sung after a psalm (8)
3 Degree of compactness (7)
4 Deep and hoarse (of the voice) (6)
5 Free from dirt (5)
6 Cooking appliance (4)
7 Physical structure of an organism (7)
14 Made a plan for; devised (8)
15 Small round particle of a substance (7)
16 Criminal (7)
19 Tolerate something (6)
20 Stylish; smart (5)
21 Taxonomic grouping (5)
23 Gangs (4)

Across

1 Close friends (4)
3 Pardons (8)
9 Become too large or mature for (7)
10 Russian country house (5)
11 Creative thoughts (5)
12 Volatile liquid used as a solvent (7)
13 Free from an obligation (6)
15 Stifle (anag) (6)
17 Clothing (7)
18 Change shape (5)
20 Adult insect (5)
21 Cure-all (7)
22 Gibberish (8)
23 Worry about (4)

Down

1 Rapid increase in numbers (13)
2 Machine for shaping metal or wood (5)
4 Archer (6)
5 First part of the Bible (3,9)
6 Minute cavity in organic tissue (7)
7 Cutting edge (5,2,3,3)
8 A contrary aim (5-7)
14 Give reasons for (7)
16 Symbolic figures (6)
19 Happen again (5)

Crossword 184

Across

7 Makes available for sale (6)

8 Writhe (6)

10 Type of diving; oceanic (4-3)

11 Moth-___ : dilapidated (5)

12 Rodents (4)

13 Turned to ice (5)

17 Metallic compound (5)

18 Scream (4)

22 Lawful (5)

23 Calmly (7)

24 Colors with a slight shade (6)

25 Current of air (6)

Down

1 Edges (7)

2 Special ___ : cinematic techniques (7)

3 Understand (5)

4 Compress (7)

5 Full of clever humor (5)

6 In the company of (5)

9 Transfer (5-4)

14 Schemer (7)

15 Close-fitting jacket (7)

16 Portable enclosure for infants (7)

19 Fine-grained metamorphic rock (5)

20 View; picture (5)

21 Watch over (5)

Crossword 185

Across

1 Unexpected gain or advantage (8)

5 Potential applications of a product (4)

8 Alert (5)

9 More than two but not many (7)

10 Antlers (anag) (7)

12 Curved fruits (7)

14 Marks of disgrace (7)

16 Pass across an area (7)

18 Narrow strip of land connecting two larger areas (7)

19 Moisten meat during cooking (5)

20 Finishes (4)

21 Starlike symbol (8)

Down

1 Sound of a forcible impact (4)

2 Make tidier (6)

3 Passion; quick-tempered nature (9)

4 Opposite of winners (6)

6 Sudden flash; stripe (6)

7 Spatters with liquid (8)

11 Traversable (9)

12 Straddle (8)

13 Sampled food or drink (6)

14 Stagnation or inactivity (6)

15 Breakfast cereal (6)

17 ___ up: gain in vigor or cheerfulness (4)

Crossword 186

Across

1 Haphazard (8)
5 Partly open (4)
9 Muscular contraction (5)
10 Assesses performance (5)
11 Consecutive (10)
14 Force to be accepted (6)
15 Not sinking (6)
17 Former anesthetic (10)
20 Humming (5)
21 Penniless (5)
22 Female rabbits (4)
23 Tries (8)

Down

1 Unwell (4)
2 Unfortunately (4)
3 Reused prizes (anag) (12)
4 Brightest star in the sky (6)
6 Discard (8)
7 Determined and unwavering (8)
8 Movable; exchangeable (12)
12 Fish (8)
13 The clapping of hands (8)
16 Conscious exertion of power (6)
18 Brilliant stroke or act (4)
19 Part of an eye or camera (4)

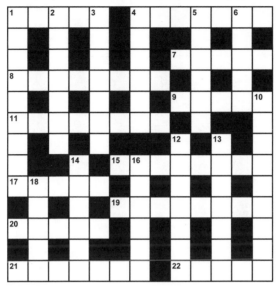

Across

1 Totem (anag) (5)
4 Look over carefully (7)
7 Light brown color; tree (5)
8 Shamefully bad (8)
9 Pollex (5)
11 Confined during a war (8)
15 Wild prank (8)
17 Desires (5)
19 Substance put into food (8)
20 Monks' superior (5)
21 Going in search for (7)
22 Toned (anag) (5)

Down

1 Having curative properties (9)
2 Crisp plain fabric (7)
3 Set aside for a purpose (7)
4 Bring forth (6)
5 Unusually fine (6)
6 Dairy product (5)
10 Decorated with precious stones (9)
12 Residence of the Pope (7)
13 Large marine flatfish (7)
14 Sat a test again (6)
16 Short railroad track (6)
18 Suffuse with color (5)

Crossword 188

Across

1 Land used for cultivation (4)
3 Beneficial (8)
9 North American duck (7)
10 Correspond; match (5)
11 The voice of a group of people (12)
14 Ovoid foodstuff (3)
16 Subject; topic (5)
17 Ratite bird (3)
18 Incessantly (12)
21 Swiftness or speed (5)
22 Subdivision (7)
23 Infatuated (8)
24 Escapade; stratagem (4)

Down

1 Densely wooded (8)
2 Broadcasting medium (5)
4 Relieve or free from (3)
5 Disturbance (12)
6 Copious (7)
7 Puts down (4)
8 Transportation of people to a new area (12)
12 A fold in cloth (5)
13 Tendency to float in a fluid (8)
15 Oils; lubricates (7)
19 Tumble from a horse (5)
20 Freshwater fish (4)
22 Female person or animal (3)

Crossword 189

Across

1 Remove errors from software (5)

4 Variety show (7)

7 Move effortlessly through air (5)

8 Ambiguity or inadequacy in a law (8)

9 Media (anag) (5)

11 Juvenile (8)

15 Prestigious (8)

17 Acquires (5)

19 Trader who exchanges goods (8)

20 Cylinder of tobacco for smoking (5)

21 Marked the start of something new (7)

22 Enlarge (5)

Down

1 Releasing air from a balloon (9)

2 Suits; turns into (7)

3 Signal to proceed (2-5)

4 Breed of large dog (6)

5 Ablaze (6)

6 Finished (5)

10 Relating to the outer layer of the skin (9)

12 Long seats (7)

13 Reason for doubt (7)

14 Coop up (6)

16 Wagered (6)

18 Sour substances (5)

Crossword 190

Across

7 Pressed clothes (6)
8 Irritate (6)
10 Stronghold (7)
11 Dines (anag) (5)
12 Back of the neck (4)
13 Pilfer (5)
17 Tall and slender (5)
18 Hind part (4)
22 Meat and vegetables on a skewer (5)
23 Musical instrument (7)
24 One or the other of two (6)
25 Laugh harshly (6)

Down

1 Decorations (7)
2 Spreads rumors (7)
3 Lukewarm (5)
4 ___ one's welcome: remain too long (7)
5 Attach (5)
6 Bar used for prying (5)
9 Initiate (9)
14 Person found at a casino (7)
15 Made to individual order (7)
16 Male sibling (7)
19 Eg Bode Miller (5)
20 Lessen (5)
21 Pertaining to the ear (5)

Crossword 191

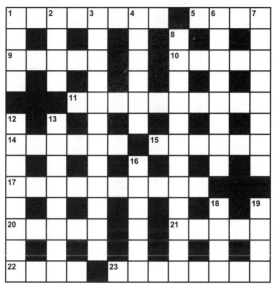

Across

1 Engraved inscription (8)
5 Spheres (4)
9 Notices (5)
10 Frame for supporting something (5)
11 Places where teaching takes place (10)
14 Expand in scope (6)
15 Bicycle with two seats (6)
17 Female attendant at a wedding (10)
20 Subject (5)
21 Destitute (5)
22 Complain (4)
23 Remote (8)

Down

1 Not difficult (4)
2 Symbol or graphic (4)
3 Radiant beauty (12)
4 Most free from contamination (6)
6 Replies (8)
7 Identical (8)
8 Pleasurable (12)
12 In exactly the same words (8)
13 Country in NE Africa (8)
16 Coats with a greasy substance (6)
18 Thaw (4)
19 Colored (4)

Crossword 192

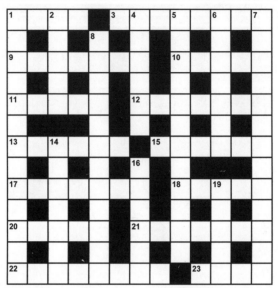

Across

1 Lay or cover with material (4)
3 Fellow sailor (8)
9 Competitors in a race (7)
10 Clean with a brush (5)
11 Wastes time (5)
12 Made into a whole (7)
13 A guess (anag) (6)
15 Child (6)
17 One who points the finger of blame (7)
18 Ballroom dance (5)
20 Angry (5)
21 Cornmeal mush (7)
22 Boating (8)
23 Watery part of milk (4)

Down

1 Attentiveness to detail (13)
2 Type of plastic (5)
4 Keep secret (4,2)
5 Fervently (12)
6 USA (7)
7 Designed for military operations abroad (13)
8 Reevaluation (12)
14 Antiquated (7)
16 Pay a casual visit to (4,2)
19 One divided by nine (5)

Across

1 Winged child (6)
7 Act of accepting with approval (8)
8 Fine, soft animal hair (3)
9 Expedition (6)
10 From a distance (4)
11 Prepared (5)
13 Light that flashes on and off (7)
15 Word with the opposite meaning (7)
17 System of beliefs (5)
21 Freezes over (4)
22 Make a photographic enlargement of (4,2)
23 Fairy (3)
24 Type of pasta (8)
25 Attire (6)

Down

1 Strongbox (6)
2 Moon of the planet Jupiter (6)
3 Dyed fabric (5)
4 Approximately (7)
5 Sieve (8)
6 Search for food (6)
12 Day of final judgment (8)
14 Facial hair (7)
16 Sugary flower secretion (6)
18 Anticipate (6)
19 ___ coat: garment with a hood (6)
20 Pertaining to sound (5)

Crossword 194

Across

1 Head coverings (4)
3 Brush aside (5,3)
9 Observed (7)
10 Religious table (5)
11 Musical form (5)
12 Interconnected system (7)
13 Tidily (6)
15 Small summerhouse (6)
17 Put into action (7)
18 Absorbent cloth (5)
20 Tines (anag) (5)
21 Encroached upon (7)
22 Channels of the nose (8)
23 Release (4)

Down

1 Hostile disagreement (13)
2 Don (3,2)
4 Concealing (6)
5 Ugly (12)
6 Surpassed (7)
7 Prescience (13)
8 Teacher (12)
14 Bears witness to (7)
16 Mean; average (6)
19 Long-legged bird (5)

Across

1 Communicate knowledge (6)
5 Sources of illumination (6)
8 Coagulated mass; lump (4)
9 Outlines in detail (8)
10 Large intestine (5)
11 Blood relationship (7)
14 Overcome by grief (13)
16 Mythical sea creature (7)
18 Malice (5)
20 Spicy soup (8)
22 Observed (4)
23 Feeling of ill will (6)
24 Oppose (6)

Down

2 City in Australia (9)
3 Eg illustrations in a book (7)
4 Dote (anag) (4)
5 Leaning at an angle (8)
6 Agile ruminants (5)
7 Unit of weight (3)
12 Clumsiness (9)
13 Surround (8)
15 Meals (7)
17 Low-powered motorbike (5)
19 Bitter (4)
21 Mixture of gases we breathe (3)

Across

1 Pertaining to marriage (11)
9 Local ordinance (5)
10 ___ Ivanovic: tennis star (3)
11 Keyboard instrument (5)
12 Wanderer (5)
13 Vertical flues (8)
16 Track-and-field contest (4,4)
18 Plant with showy flowers (5)
21 Permit (5)
22 Type of tree (3)
23 Lacking ornament (5)
24 Evolutionary changes (11)

Down

2 European country whose capital is Tirana (7)
3 Spring back (7)
4 Tune (6)
5 Certain to end in failure (2-3)
6 Warning sound (5)
7 Anticipation (11)
8 Measure of luminous intensity (11)
14 Dry red table wine of Italy (7)
15 Gold or silver in bulk before coining (7)
17 Crested lizard (6)
19 Found agreeable (5)
20 Appear suddenly (3-2)

Across

1 Public and formal (8)
5 Slide (4)
8 Gives out (5)
9 Of the great seas (7)
10 Fire-breathing monster (7)
12 Unfasten (7)
14 Grasping claws (7)
16 Grows larger (7)
18 Forceful; energetic (7)
19 Equipped with weapons (5)
20 Child's plaything (4)
21 Uses again (8)

Down

1 Finished; complete (4)
2 Wince; recoil (6)
3 A stopping (9)
4 Admit openly (6)
6 Shelter for a dog (6)
7 Announces formally (8)
11 Detailed plan for a journey (9)
12 Not necessary (8)
13 Plains (anag) (6)
14 Soul; spirit (6)
15 Substance that caps the teeth (6)
17 Probability of an event happening (4)

Crossword 198

Across

7 How a word is written (8)

8 Falls back (4)

9 Temporary living quarters (4)

10 Speech habits of a person (8)

11 Small bone (7)

12 Utter elation (5)

15 Threshold; brink (5)

17 Fragrant liquid (7)

20 Padding (8)

22 Droops (4)

23 Cook slowly in liquid (4)

24 Makes ready (8)

Down

1 Sprinkles with water (6)

2 Turning (8)

3 Courteously (7)

4 Once more (5)

5 Duck; greenish-blue color (4)

6 Calculating machine (6)

13 Longevity of an individual (8)

14 Small short-legged dogs (7)

16 Landed property (6)

18 Assaulted with intent to rob (6)

19 Chilly (5)

21 Adult hen (4)

Crossword 199

Across

8 Schooling (9)

9 Not new (3)

10 Dukedom (5)

11 Atheistic; irreligious (7)

12 Amend text; revise (7)

13 Rank (4)

17 Oust (anag) (4)

18 Openly (7)

22 Back pain (7)

24 Courageous (5)

25 Finish first (3)

26 Emotional anguish (9)

Down

1 Pays attention to (5)

2 Fastest (8)

3 Woodcutters (7)

4 Move restlessly (6)

5 Positively charged electrode (5)

6 Bay (4)

7 Long and eventful journey (7)

14 Association between countries (8)

15 Pursues (7)

16 Honesty and decency (7)

19 Bowed string instruments (6)

20 Ways or tracks (5)

21 Gave up power (5)

23 Fix (4)

Crossword 200

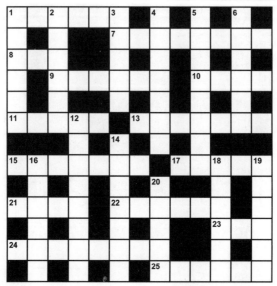

Across

1 Capital of the Bahamas (6)

7 Substance that reduces hardness of water (8)

8 Title for a Turkish military official (3)

9 Avoiding waste (6)

10 Indolently (4)

11 Amounts of medication (5)

13 Not listened to (7)

15 Moderates (7)

17 Sign of the zodiac (5)

21 Highest male voice (4)

22 Cereal grass (6)

23 Terminate (3)

24 Evaluator (8)

25 Alter or adapt (6)

Down

1 Approached (6)

2 Large sticks (6)

3 Generally accepted practice (5)

4 Not on the internet (3-4)

5 Disease (8)

6 Doctor (6)

12 Looks into (8)

14 Presupposition (7)

16 Join the military (6)

18 Flat-bottomed boat (6)

19 Among (6)

20 Extreme (5)

Across

1 Domineering (11)
9 Venomous snake (5)
10 Group of tennis games (3)
11 Member of a Nahuatl-speaking people (5)
12 Type of tooth (5)
13 Canine shelter (8)
16 Eg sunshade or parasol (8)
18 Juicy fruit (5)
21 Implied (5)
22 Item dividing a tennis court in two (3)
23 Exit (5)
24 Act of publishing in several places (11)

Down

2 Trace (7)
3 Nocturnal carnivore (7)
4 Nudges out of the way (6)
5 Supply with new weapons (5)
6 Of the nose (5)
7 Gaining prominence (2-3-6)
8 Extinct flying reptile (11)
14 Object (7)
15 Harmless pill (7)
17 Picture made from lots of small pieces (6)
19 Crazy (5)
20 Lubricated (5)

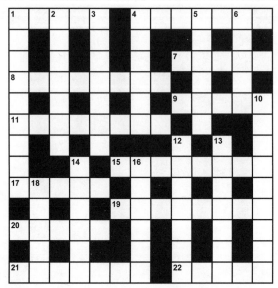

Across

1 Interior (5)
4 Attack (7)
7 Act of stealing (5)
8 Retitled (anag) (8)
9 Stratagems (5)
11 Difficult choices (8)
15 Halting (8)
17 Large waterbird (5)
19 Refutation (8)
20 Chuck out (5)
21 Succeed in an enterprise (7)
22 Indoor game (5)

Down

1 Incorporating (9)
2 Stylishly (7)
3 Saves from sin or evil (7)
4 One-celled protozoan (6)
5 For a short time (6)
6 Of imposing height (5)
10 People who import goods illegally (9)
12 Issued with force or in a jet (7)
13 Less clean (7)
14 Short pieces of writing (6)
16 Move unsteadily (6)
18 Academy award (5)

Across

8 Lovingly (9)
9 Tavern (3)
10 Chambers (5)
11 Raise up (7)
12 Greatest in height (7)
13 Pointed missile (4)
17 Young cow (4)
18 Receptacle for cigarette residue (7)
22 Small flute (7)
24 Walked up and down anxiously (5)
25 Snip (3)
26 Moving to a higher class (9)

Down

1 Piece of code used to automate a task (5)
2 Single track for a wheeled vehicle (8)
3 Remains of living things (7)
4 Steers (anag) (6)
5 Ancient harps (5)
6 12-point type (4)
7 Turns upside down (7)
14 Without law or control (8)
15 Hand tool ending in a spike (3,4)
16 Temporary measure (7)
19 Cast off one's skin (6)
20 The prevailing fashion (5)
21 Saying (5)
23 Roman censor (4)

Across

1 Elaborately decorated (6)
5 Type of tree (3)
7 Characteristic spirit (5)
8 Fumigating (7)
9 Small bodies of water (5)
10 Pampered (8)
12 Requesting (6)
14 Tenant (6)
17 Tumblerful (8)
18 Become ready to eat (of fruit) (5)
20 Extreme enthusiast (7)
21 Should (5)
22 Longing (3)
23 Loved deeply (6)

Down

2 Prompts (7)
3 Trivial (8)
4 Retail store (4)
5 Guardians (7)
6 The kneading of muscles and joints (7)
7 Type of heron (5)
11 Argued logically (8)
12 Absence of government (7)
13 Inert gas (7)
15 Learned (7)
16 At or to a great height (5)
19 Nearly; almost (4)

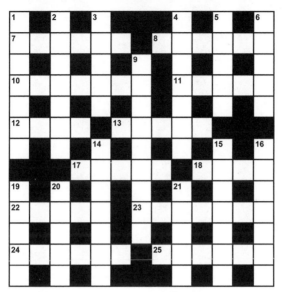

Across

7 Flight of steps (6)

8 Highly seasoned stew (6)

10 Moderately slow (music) (7)

11 Ironic metaphor (5)

12 Remedy (4)

13 Opposite of best (5)

17 Tiny piece of food (5)

18 Woody plant (4)

22 Seven (anag) (5)

23 Exile (7)

24 Musical interval (6)

25 Small compact falcon (6)

Down

1 With a side-glance (7)

2 Indulges the desires of another (7)

3 Salty (5)

4 Speediest (7)

5 Benefactor (5)

6 Spirited horse (5)

9 Modernizers (9)

14 Caustic (7)

15 Easily broken (7)

16 Legal possession of land as one's own (7)

19 Criminal (5)

20 Low value coins (5)

21 Later (5)

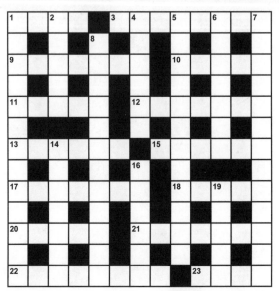

Across

1 Soon; presently (4)

3 Radio or TV broadcast (8)

9 Falling inflection of the voice (7)

10 Domestic dog (5)

11 Move to music (5)

12 Insignificant (7)

13 Pleasantly (6)

15 Reduce in worth (6)

17 Closed plane figure (7)

18 Offspring (5)

20 Vital body part (5)

21 One who illegally seizes the place of another (7)

22 Eg iron and oxygen (8)

23 This grows on your head (4)

Down

1 Liable to get injured often (8-5)

2 Relating to a bygone era (5)

4 Chooses to hold public office (6)

5 Blasphemous (12)

6 Business providing flights (7)

7 Simple problem-solving method (5-3-5)

8 Cleverness (12)

14 Perfumed liquid (7)

16 Not fair (6)

19 Brownish-gray color (5)

Crossword 207

Across

7 Futility (13)
8 Country formerly called Ceylon (3,5)
9 Game played with clubs (4)
10 Collector (7)
12 Excessive enthusiasm (5)
14 Eg from Cardiff (5)
16 End results (7)
19 Mocks (4)
20 Most lucid (8)
22 Benevolent but possibly intrusive (13)

Down

1 Rude or insensitive person (4)
2 Deer horn (6)
3 Angled (7)
4 Customary (5)
5 Complex problem (6)
6 Composer of a sacred song (8)
11 Exaggerate (8)
13 Panacea (4-3)
15 Bands worn over about the waist (6)
17 Suffer destruction (6)
18 Examines quickly (5)
21 Lids (anag) (4)

Crossword 208

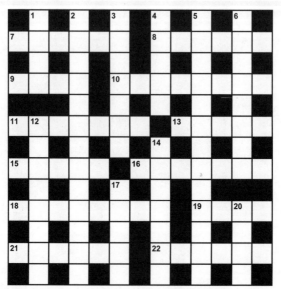

Across

7 Martial art (4,2)
8 Excitingly strange (6)
9 ___ Moore: famous actress (4)
10 Person who makes arrows (8)
11 Old Portuguese currency (pl) (7)
13 Plant pest (5)
15 Foals (5)
16 Presaged (7)
18 Short lyrical poem (8)
19 Attic (4)
21 Young woman (6)
22 Wolfgang Amadeus ___ : composer (6)

Down

1 Dark red color (4)
2 Farmer (13)
3 Clown (7)
4 Attack on all sides (5)
5 Form an idea of something (13)
6 Similarly (8)
12 Surreptitious traveler (8)
14 Majestic; exalted in manner (7)
17 Nimble (5)
20 Steadfast (4)

Crossword 209

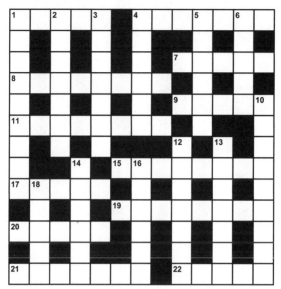

Across

1 Moves back and forth (5)
4 Blazing (7)
7 Piece of land (5)
8 An available means (8)
9 Facial hair (5)
11 Shape of the waxing or waning moon (8)
15 Textual matter added onto a publication (8)
17 Very large nail (5)
19 Event (8)
20 Scamps (5)
21 Item of jewelry (7)
22 Aroma (5)

Down

1 Treat in preparation for reuse (9)
2 Tufted (7)
3 Squeeze together (7)
4 Bird of prey (6)
5 Having little flesh (6)
6 More pleasant (5)
10 Stubborn person with uncompromising beliefs (9)
12 Appliances (7)
13 In an opposing direction (7)
14 Ice dancer (6)
16 Act of eating out (6)
18 Hooded fur pullover garment (5)

Crossword 210

Across

1 Ruffian (8)
5 Game played on horseback (4)
8 Smells strongly (5)
9 Linking (7)
10 Eg from Moscow (7)
12 Extraordinary occurrence (7)
14 Underlying meaning or theme (7)
16 Disorder (7)
18 Piece of fine mesh fabric worn on the head (7)
19 Inactive (5)
20 Building cover (4)
21 Curved sword (8)

Down

1 Payment for labor (4)
2 First contest of a series (6)
3 Hypocritical (9)
4 Command solemnly (6)
6 Egyptian god of the underworld (6)
7 Church musician (8)
11 Artistic and poetic movement (9)
12 Figure of speech (8)
13 Having colorless skin (6)
14 Unmoving (6)
15 Degree (6)
17 Stellar body (4)

Across

8 Piece of land nearly surrounded by water (9)

9 Nervous twitch (3)

10 Intimidate (5)

11 Unit that measures sound intensity (7)

12 Fishing (7)

13 Bitter-tasting substance (4)

17 Metallic element (4)

18 Get as one's own (7)

22 Introductory remarks (7)

24 Be; live (5)

25 21st Greek letter (3)

26 Go ashore (9)

Down

1 Digging tool (5)

2 Insinuation (8)

3 Impart gradually (7)

4 Abrupt (6)

5 Fit; sporting contest (5)

6 Remnant of a pencil (4)

7 Block; obstruct (7)

14 Period of public revelry (8)

15 River in Africa (7)

16 Repositories of antiques (7)

19 Wrinkle (6)

20 Rice field (5)

21 Strong wooden post (5)

23 Heroic; long poem (4)

Crossword 212

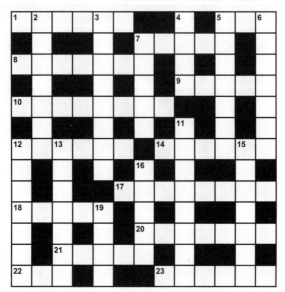

Across

1 Capers (anag) (6)
5 Exclamation of surprise (3)
7 Bacteria (informal) (5)
8 Speaker (7)
9 Appendages that birds have (5)
10 Viewing (8)
12 Give satisfaction (6)
14 Concealed (6)
17 Unbranded range animal (8)
18 Mythical monster (5)
20 Sovereign ruler (7)
21 Cinder (5)
22 Primary color (3)
23 Horse groom (6)

Down

2 Cry expressing disapproval (7)
3 Buy (8)
4 Increase in size (4)
5 Into parts (7)
6 Active part of a fire (7)
7 Animal noise (5)
11 Takings (8)
12 Large dish (7)
13 Laid open to view (7)
15 Shut in (7)
16 Keen (5)
19 Rounded projection of a body organ (4)

Crossword 213

Across

1 Specialized administrative unit (6)
7 Land adjacent to the ocean (8)
8 Move up and down (3)
9 Carrier (6)
10 Movement in fencing (4)
11 Basins (5)
13 Informs on (7)
15 Overseer (7)
17 Good at (5)
21 Communicate using gestures not words (4)
22 ___ acid: this is found in lemons (6)
23 Flee (3)
24 Move out the way of (8)
25 Cooked slowly in liquid (6)

Down

1 Very young children (6)
2 Fabric used for decoration (6)
3 Supplant (5)
4 Obstruction (7)
5 Trembled (8)
6 Having decorative ruffles (6)
12 Dish of rice with fish and eggs (8)
14 Surgical knives (7)
16 Panacea (6)
18 Cowers (anag) (6)
19 Bronzed (6)
20 Halts (5)

Crossword 214

Across

8 Foremost (9)

9 Michelle ___ : US golfer (3)

10 Conical tent (5)

11 Branch of mathematics (7)

12 Bishop's district (7)

13 Eager; keen (4)

17 Consumes food (4)

18 Spreads out awkwardly (7)

22 Savior; lifeguard (7)

24 Wrangle (5)

25 Small green vegetable (3)

26 Insult (9)

Down

1 Large number or amount (5)

2 Center (8)

3 Eg chemistry or biology (7)

4 Talks (6)

5 Gastropods without shells (5)

6 Wad of absorbent cloth (4)

7 Graders (anag) (7)

14 Explosively unstable (8)

15 Decipher (7)

16 Vegetable (7)

19 Spoof (6)

20 Having three dimensions (5)

21 Dramatic compositions (5)

23 Large white bird (4)

Across

7 Disobedient to authority (13)
8 On one's ___ : close at hand (8)
9 What one can see (4)
10 Concealing with earth (7)
12 Short high-pitched tone (5)
14 These grow out of follicles (5)
16 Move abruptly from place to place (7)
19 Tiny bird (4)
20 Posters (8)
22 Fitness to fly (13)

Down

1 Knowledge (abbr) (4)
2 Eccentric (6)
3 Omen (7)
4 Select; formally approve (5)
5 Cry or whine (6)
6 Celestial; heavenly (8)
11 Not fearful (8)
13 Fish with sharp teeth (7)
15 Rejuvenates (6)
17 Muscular (6)
18 Urges on (5)
21 Shallow food container (4)

Across

1 Make inactive (of a mine or bomb) (6)

5 Ease into a chair (3)

7 Underwater breathing device (5)

8 Scared (7)

9 Supply (5)

10 Debris (8)

12 Eg Iceland (6)

14 City in NE Italy (6)

17 Concise reference work (8)

18 Reversed (5)

20 Cyclone (7)

21 Ingenuous (5)

22 Droop (3)

23 Stick to (6)

Down

2 Beautifies with a colorful surface (7)

3 Parts (8)

4 Enormous (4)

5 Japanese warriors (7)

6 Larval amphibian (7)

7 Sticky sugar and water solution (5)

11 Yielded (8)

12 Harms another physically (7)

13 Directing (7)

15 Soup or stew of seafood (7)

16 Sense experience (5)

19 Fall slowly (of water) (4)

Across

1 Invested as a priest (8)
5 Goad on (4)
9 Animal (5)
10 Baking appliances (5)
11 Western (10)
14 On a ship or train (6)
15 Groups of eight (6)
17 Coded message (10)
20 Cloak (5)
21 Strongly advised (5)
22 Lustrous fiber (4)
23 Similarity (8)

Down

1 Capital of Norway (4)
2 Pair (4)
3 Erroneously (12)
4 Small elongated insect (6)
6 More attractive (8)
7 Uneasy (8)
8 Name; designation (12)
12 Closed political meetings (8)
13 Hairstyle (8)
16 Long-legged rodent (6)
18 Fit of shivering (4)
19 Sums together (4)

Solutions

Puzzle 1

```
B E I N G S     B   J A M
  N   A   A L O N E   A
A D O R N E D   N   E   R
  U   G   D   G O R E S
A R R E S T E D     I   H
  E   T   R   J   N   E
E S T E E M   L U N G E S
N   O   R   H   S   L
G   M     E A S T E R L Y
R E B U T   R   N   I
A   O   A   P R E C E P T
V   L O R D S   S   S
E T A   T     A S L E E P
```

Puzzle 2

```
C H A I S E   T U C K E D
A   N   H   P   P   I   A
C H A T E A U   S   W   N
T   T   A   N O T H I N G
U S H E R   C   A     E
S   E     T   R O T O R
  M   D O U B T   Y
K H A K I   A     P   S
I     A   L   S W E A T
S C H E R Z I   M   C   A
S   O   I   T H E R A P Y
E   S   E   Y   A   S   E
D R E S S Y   O R A T E D
```

Puzzle 3

```
  C   P   S   A   C   C
S U G A R Y   P H O T O N
  B   N   M   A   M   N
S A R I   B A C K P A C K
    C   O   E   U   E
T R E S T L E   S T A R S
  E   T   S   A   A   T
F L A R E   A B S T A I N
  A   I   C   S   I
S T A C C A T O   O I N K
  I   K   N   R   N   A
I N D E E D   B R A H M S
  G   N   Y   S   L   E
```

Puzzle 4

```
  C   S   B   S   E   P
B A N K R U P T   R O U T
  S   Y   L   A   N   B
B I N D   W I C K E D L Y
  N   I   A   K     I
C O N V E R T   K E T C H
    E   K   C   A
S O U R S   C U R S O R Y
  F     O   T   T   I
O F F E N D E R   W I P E
  K   A   O   A   A   P
T E D S   R E T U R N E D
  Y   E   S   E   D   D
```

Puzzle 5

```
  S   D   W   R   M   N
I N D I G O   O P I N E S
  U   S   B   G   S   U
A B U T   B O U N C E R S
    A   L   E   H   O
L E A S H E D   L I F T S
  N   T   D   B   E   I
I D L E R   P R I V A C Y
  U   F   D   E   O
B R O U H A H A   U G L Y
  I   L   I   K   S   A
A N G L E R   U N L I K E
  G   Y   Y   P   Y   E
```

Puzzle 6

```
E U R O P E     F   A G E
  N   L   J E E P S   V
G A R B A G E   E   C   O
  L   N   L   D W E L L
S I L E N T L Y     N   V
  K   I   Y   A   T   E
S E C O N D   U N U S E D
N   H   G   P   G   L
A   I     R E F E R R A L
R I N K S   R   L   S
I   W   U   K N I G H T S
N   A N N O Y   C     I
G I G   S     M A L I C E
```

220

Solutions

Puzzle 7

```
G O O N   E S P O U S A L
R   R   F N   S A   E
A D I P O S E   T E L E X
V   B   R   A E   U   I
I D I O M   K I N E T I C
T   A   Y   T   E   O
A P P A L L   L A P D O G
T   I   D   S T   R
I M A G E R Y   I N D I A
O   N   H M   O R P
N O I S Y   B R U T I S H
A   S   D O   S   V E
L A T T E R L Y   J E E R
```

Puzzle 8

```
D U C T   C A S S E T T E
E   L   U R   T S   Y
V I E T N A M   R O U S E
I   A   I F   A N S
A E R O N A U T I C A L
T   T   L   G M   S
E S C H E W   S H R I N K
S   O   R B   T   I
  A C C E L E R A T I O N
S H   S G W   R   D
U N L I T   G R A N I T E
E   E   E A   Y S   E
T O A N D F R O   C H O P
```

Puzzle 9

```
T O E S   A P P R O A C H
O   X   C O   E S   A
N O T I O N S   P A P A L
G   R   I I   R I   F
U S A   N T   E A R T H
E   C O S T S   I   E
I   U   I   E N   A
N M   D I V A N   R
C O P S E   I T   D O T
H   T   N S   I A   E
E V E R T   I G N I T E D
E   E   A O   G U   L
K I N D L I N G   E M M Y
```

Puzzle 10

```
D A F T   M U R M U R E D
E   L   L R   A E   A
C A U T I O N   S E V E N
R   T   G   T O   K
E V E N H A N D E D L Y
A   T   I R   V   C
S I C   H I G H S   E R A
E   U   E H   T   S
  B R E A K T H R O U G H
B   T   R O   M   M
A W A I T   L I K A B L E
T   I   E A   E E   R
H O L I D A Y S   T R U E
```

Puzzle 11

```
P A C T   O B V I A T E D
R   A   T O   D R   E
O R D E R E D   I D O L S
C   E   A K   O T   C
R O T F I   S I T A R
A   F A N C Y   E   I
S   P   I N   R   P
T R   C I V I C   T
I D E A L   I R   S K I
N   D   I R   A P   V
A X I N G   T E S T A T E
T   C   H U   Y R   L
E N T I T I E S   L E V Y
```

Puzzle 12

```
M O D I F I E D   M A G I
A   A   L L   E V   C
D I M L Y   I   S H O R E
E   S   O C   T W   B
  A N T I F R E E Z E
F   H   T T   A D   R
R H Y T H M   U N P L U G
E   P   E S   G Y   S
S A N D W I C H E S
H   O   A A   M L   T
M E T A L   M   E B O N Y
A   I   L P   N O   P
N I C E   P I T T A N C E
```

Solutions

Puzzle 13

```
  G A M E K E E P E R S
P   N   N X A E   A
O   G A N I O N   A R C
S Q U I B   L   E L   C
T   I   L   E   L I M B O
U N S T E A D Y       U
L   H   D     S   S   N
A       S O F T S P O T
T U M M Y   X E L   A
I   A   U T   P L U M B
O I L   C L A M P R   L
N   E   C   I   E G   E
  E S T A B L I S H E D
```

Puzzle 14

```
S H A D E D   E B B I N G
  A   E   R P   R   I
S L U G   A M I C A B L Y
  F   R   M   D   I
S T E A D   N E W N E S S
  R   D   I   M     Q
S U P E R S T I T I O U S
  T     O   C   N   I
P H O N E M E   T H O R N
    O   E   S   E   T
F O O T S T E P   R A I D
  W   E   R   E   I   N
S L U S H Y   D O T A G E
```

Puzzle 15

```
C A N A D I A N   E G G S
A   O   E P   R   P
M A R S H   P O R T I C O
E   D   Y   L   L   N
    I   D E N G U L F S
R E C O R D S   R S   O
A   A   A     A     R
C   F   T D E C I D E S
C A L D E R A   E   I
O   U     N L M   G
O F F E R E D   E M P T Y
N   F   E S   L   M
S A Y S   D R E S S E R S
```

Puzzle 16

```
G R E B E   H U R D L E R
A   A T   E   A   L
L   R H   R   K N E A D
L O L L I P O P   U   N
I   O C   I   A B O D E
V I B R A N C Y   E   L
A   E L     U   N   E
N   B   D R I N K I N G
T E A R S   O Q   B A
  R   I   S U B U R B A N
G A N G S   T I L   T
  S H   E   E E E   L
N E T T L E S   T A R R Y
```

Puzzle 17

```
R A D I A L     E   T A B
  B   B   R A V E R   O
C A E S U R A   E   A W
  S   T   I   N A V E L
C H I P M U N K   A   I
  E   E   Y O   I N
A D O R N S   G R I L L E
U   B   T N   T   E
S   L   M I C H I G A N
T W I N E   C O   V
R   Q M   H U D D L E D
A   U N I T E   O   N
L I E   R   E X C I S E
```

Puzzle 18

```
A B R U P T L Y   S A G O
I   A A   E   U E   B
D U C A T   A   N O R M S
S K   H G   D A   O
      M O N U M E N T A L
P P   L   E R   I E
H A R R O W   A S S O R T
A O   G F   T N E
S U B L I M I N A L
E L   C E   F H   S
O M E G A   S   F A U L T
U M   L T E   S O
T A S K   H A R D S H I P
```

222

Solutions

Puzzle 19

```
R O V E _ P H Y S I C A L
E _ I _ L _ A _ E _ A _ O
L A C Q U E R _ L I L A C
O _ A _ G _ A _ F _ I _ O
C I R C U M S C R I B E _
A _ _ B _ S _ E _ E _ A
T O W A R D _ C L E R I C
E _ H _ I _ O _ I _ _ A
_ D E N O M I N A T I O N
H _ T _ U _ L _ N _ T _ T
A C H E S _ M A C B E T H
S _ E _ L _ E _ E _ M _ U
H U R R Y I N G _ A S K S
```

Puzzle 20

```
D _ S _ R _ _ Q _ E _ O
I S O B A R _ S U M M E D
P _ P _ P _ M _ I _ I _ D
P A P R I K A _ N E R V E
E _ I _ D _ N _ T _ S _ R
R A N D _ O L D E R _ _
S _ G _ D _ I _ T _ R _ C
_ _ G I A N T _ M A L I
A _ A _ C _ E _ D _ I _ N
S I G H T _ S C O R N E D
T _ R _ A _ S _ Z _ B _ E
E J E C T S _ M E M O I R
R _ E _ E _ _ N _ W _ S
```

Puzzle 21

```
H E R M E T I C _ S T A B
O _ A _ X _ R _ U _ I _ L
P O R C H _ I _ N U D G E
E _ E _ A _ S _ A _ I _ A
_ _ S U P E R S O N I C _
O _ S _ S _ S _ S _ E _ H
V A C A T E _ H A S S L E
E _ A _ I _ I _ I _ S _ R
R E L E V A N T L Y _ _
U _ L _ E _ G _ A _ D _ R
S K I R L _ O _ B A R G E
E _ O _ Y _ T _ L _ A _ L
S O N S _ A S S E M B L Y
```

Puzzle 22

```
_ M _ P _ B _ H _ R _ V
D I T H E R _ A R A B I C
N _ I _ I _ B _ B _ G _
F I L L _ B R I S B A N E
_ A _ E _ T _ L _ E _
W I N N E R S _ P E L T S
N _ T _ Y _ U _ R _ T
I T C H Y _ E N J O Y E D
R _ R _ S _ K _ U _ _
D E M O T I O N _ S P I N
P _ P _ G _ O _ I _ O
M I N I O N _ W I N I N G
D _ C _ S _ N _ G _ S
```

Puzzle 23

```
P R O M P T _ _ A _ P A R
_ O _ R _ A N G E R _ E
P L A T O O N _ E _ O _ P
_ L _ D _ K _ S E V E R
R E D O U B L E _ I _ O
_ R _ C _ E _ F _ S _ O
A S S E T S _ T I P O F F
N _ T _ S _ T _ L _ _ I
I _ A _ _ P O S I T I N G
M E N U S _ T _ G _ A
A _ D _ W _ E A R T H L Y
L _ U N A R M _ E _ _ E
S O P _ T _ _ H E R E S Y
```

Puzzle 24

```
_ T _ A _ W _ S _ P _ P
C O N S C I E N T I O U S
_ G _ S _ D _ I _ C _ R
T O N E D E A F _ K N I T
_ R _ N _ F _ U _ F
S O R T I E S _ A P R I L
_ P _ _ D _ P _ _ E
B E N D S _ O R A T O R S
R _ E _ P _ O _ U
D A M P _ I N F I N I T Y
B _ O _ X _ I _ N _ O
F L A S H I N T H E P A N
E _ E _ E _ S _ L _ D
```

223

Solutions

Puzzle 25

```
  C O N D I T I O N E R
U P E   H   W   L   R
R E   T R A I N   A L E
B U R S A   N   E   T   E
A   A   I   K   D I E T S
N O T E L E S S       T
L   E   S     A   M   A
E         R E A B S O R B
G A M E S   D   S   N   L
E   I   I   I   C H I L I
N U N   T A B O O   K   S
D   C   E   L   N   E   H
  N E W S R E A D E R S
```

Puzzle 26

```
U T A H   E M B I T T E R
N B   A   I   N   E   E
P L A S T I C   T H R U M
R S   T   K   R   R   O
E T H E R   E G O T I S T
D   A   Y   D   E   E
I N T A C T   R U B R I C
C   E   T   M   C   O
T A R D I L Y   T I T A N
A   R   V   O   O   E   T
B L A D E   P A R T N E R
L   C   L   I   Y   O   O
E V E R Y D A Y   O R A L
```

Puzzle 27

```
S C U R R Y   M   S E E
  H   U   S T O I C   N
B A Y O N E T   T   O S
  P   N   R   H E R O N
S T A K E O U T   P   A
  E   R   T   I   I   R
A R T F U L   I N C O M E
M   O   P   G   A   O
N   R   P R O H I B I T
E V O K E   A   U   S
S   N   T   V A R I E T Y
I   T A C K Y   R   E
A G O   H   T Y P I N G
```

Puzzle 28

```
D I C E   E S C A P I S M
O   L   E T   S   M   E
U N A W A R E   T A P E D
B   N   V   R   R   I   I
L O G   E   E   O V E R T
E     S T O M P   T   E
C   E   D     H   Y   R
R   N   R A S P Y     R
O U T D O   U   S   R I A
S   R   P   M   I   I N
S L U M P   M I C R O B E
E   S   E   O   S   J A
R E T I R I N G   T A R N
```

Puzzle 29

```
P A W S   M Y T H I C A L
A   A   R E   U   L   A
R E D N E S S   M O O N S
A   E   S   A   S   T
D I S A P P O I N T E D
I   E   R   I   U   I
G E L   C U B I T   P A N
M   A   T   I   A   T
  S C R I P T W R I T E R
C   O   V   I   O   U
H E N C E   E X A L T E D
U   I   L   A   N   A E
B A C K Y A R D   S L U R
```

Puzzle 30

```
F U G U E S   O   S   I
I   H   T R U S T I N G
L E E   O   T   R   D
I   T O R R I D   A K I N
N   T   K   O   I   C
G O O F Y   C O G N A T E
        U   R   R   E
G A I N F U L   E D U C E
  V   N   F   P   T   N
B O X Y   F I A S C O   Z
  W   M   I   N   P R Y
C A L A M A R I   I   M
  L   N   N   C A N A P E
```

224

Puzzle 31

```
. D H . J U . L . T .
GATEAU . SHIEST
. W . L M U . T . U .
GNAT . BURSTING
. E . L Y . L . A .
ACCRUED . SELMA
. H S . D L . B . I .
SACKS . LAZIEST
. R . E S . W . G .
BIBLICAL . HOAX
. S . T U . E . O R
IMPEND . STRIKE
. A R . S S . N . S .
```

Puzzle 32

```
OVERTURN . TOLL
V . N . E A . P . E
INDEX . SHARPEN
D . E T H . O . I
. A B . ENMASSE
CURIOUS . A E . N
O . . O . R . . C
N N K . INGRATE
GUESSED . A . L
R P . E . R K . B
ECHIDNA . INANE
S E . L . T L . S
SOWN . ESCAPIST
```

Puzzle 33

```
PRAY . WOODLAND
A S . S D R . S U
REPUTED . EDITS
O . I R S . S N K
DICTATORSHIP .
I . I N . I N . D
EMERGE . SNEEZE
S P . H A G . . S
. SITTINGDUCKS
A C E . Y O O . E
CHURN . HOWEVER
R R E . O N . E T
EYEBROWS . INKS
```

Puzzle 34

```
REPUGN . PLATES
E O I . P E A . T
BALEFUL . N L . O
A Y T . ANGULAR
TOGAS . Y T . M
E A . G . HALTS
. M . OGRES . U
MAYOR . O . S S
E . B U . ATTIC
TUITION . I R R
T B T . DISPOSE
L I A S . L U E
EASILY . LESSON
```

Puzzle 35

```
RESEMBLE . OPAL
O I U . O B R . O
WIDEN . L . EPOXY
S E . I L L . M A
. SCHOOLGIRL .
C S I . P I S . I
ACCEPT . OGRESS
B R A . M E D . T
SMALLHOURS .
T M I . C E . I G
AMBIT . K . NADIR
N L Y . U C O . I
DUET . APPEALED
```

Puzzle 36

```
APSE . AMERICAS
S L P . A E L . E
STARRED . DROOL
E N E . C E S . F
RUG . M A . PLUMP
T . E EXPEL . R O
I E D . O . E . S
V Y . IRONY . S
ELECT . I M . TEE
N W A . L E R . S
EJECT . MONDAYS
S A E . A T I . E
STRIDENT . FLED
```

Solutions

Puzzle 37

```
. I R E . E . T . I . .
I N C O N V E N I E N C E
. T . C O . T . M . E . .
C O W O R K E R . P A C K
. . . C . I . Y . E . R .
R E J O I N S . F R E E S
. N . . G . A . . A . . .
S T A R K . A F F I R M S
. H . I . S . R . N . . .
A R E S . T H I E V I S H
. O . K . A . C . A . A .
U N D E R S T A N D I N G
. E . D . H . N . E . E .
```

Puzzle 38

```
C A P E . S P O O N F U L
O . I . I . E . V . L . E
M A T I N E E . E V E N T
B . O . C . L . R . X . T
A W N . A . E . W H I L E
T . . N O R T H . N . . R
I . E . D . . . E . G . P
V . D . E X C E L . . . E
E M I T S . L . M . M A R
N . F . C . I . I . A . F
E L I D E . M A N L I K E
S . C . N . B . G . N . C
S W E E T E S T . F E L T
```

Puzzle 39

```
. S . N . U D . J . G . .
I N C O N S P I C U O U S
. U . B . U R . M . M . .
I G N O R A N T . P U P A
. D . L . Y . . E . T . .
B I C Y C L E . A D M I X
. T . . Y . C . . . O . .
B E G A N . F O O T I N G
. M . D . K . N . A . . .
P I E R . A C C U R A T E
. Z . I . Y . E . I . R .
S E L F S A T I S F I E D
. S . T . K . T . F . K .
```

Puzzle 40

```
S P A C E D . P A S T O R
. A . I . I . A . W . U .
B R A T . V A R I A N T S
. T . A . A . L . R . . .
S T U D Y . B A D D E B T
. I . E . O . N . . . O .
A M P L I F I C A T I O N
. E . . F . E . R . B . .
P R O D D E D . S A T Y R
. . . R . N . E . W . T .
M A R A U D E R . L O R D
. R . W . E . R . E . A .
S M I L E D . S T R A P S
```

Puzzle 41

```
M O A N E R . A . A . F .
A . N . . I L L U S I O N
K E G . G . L . T . U . .
E . O T I O S E . E U R O
U . R . R . G . R . T . .
P E A C H . B R I O C H E
. A . F . O . . I . . . .
C O R N E A S . E D I F Y
. X . B . N . G . N . E .
B Y T E . C L A R E T . L
. G . R . I . Z . . E E L
R E T R I E V E . . R . E
. N . A . R . D O N N E D
```

Puzzle 42

```
C . D . S . . . F . S . C
L E E W A Y . M O R T A R
A . N . T . M . R . O . A
S K Y D I V E . M I N I M
S . I . N . C . U . Y . S
E O N S . W H O L E . . .
S . G . G . A . A . E . T
. . B R A N D . U N D O .
A . B . A . I . A . D . P
D O Y E N . Z A M B E Z I
A . W . T . E . O . M . A
P E A K E D . B U S I E R
T . Y . D . . . R . C . Y
```

226

Puzzle 43

```
L O W E S T   S P H E R E
A   I   H   P   I   D   V
C O L L A G E   T   E   A
U   D   K   R E F I N E D
N I F T Y   M   A       E
A   O       I   L O P E D
    W   B A S I L   R
H E L L O   S       O   S
U   N   I   S A D L Y   Y
D I S T U R B   I   U   D
D   H   S   L E X I C O N
L   E   E   E   E   E   E
E L D E S T   A S T R A Y
```

Puzzle 44

```
C R Y I N G   U   P   I
R   O   U N T I R I N G
E M U   A   I   E   M
O   T R A V E L   S H O O
L   H   A   I   U   S
E S S A Y   A Z I M U T H
    P   K   E   E
O B L I G E D   O D D L Y
  R   A   E M   O   E
F O U R   P O U R E D   O
K   I   I   S   G U M
H E L S I N K I   E   E
N   T   G   C O U S I N
```

Puzzle 45

```
E X C E P T   S C R A P S
S   R   E D   O   N   O
C H O R A L E   M   T N
U   S   R   C A P T I O N
D A T E S   E   U     E
O   I   P   T R A I T
    N L A T T E   N
Z A I R E   I   T   C
E   N   V   H Y E N A
B A P T I Z E   O   C N
R   O   E   L O O S E L Y
A   L   N Y   K   D   O
S V E L T E   A S T E R N
```

Puzzle 46

```
G E C       E   O   T
A D V E R T   E M I G R E
U   A   E   I   B   L   A
D U S T P A N   R E E L S
E   I   E D   O   S   E
R O O K   P I P I T
Y N S   G   L   S   E
      C H U N K   C O U P
H   S   R   A   R   U   I
E N N U I   N O O D L E S
I   E   M   T   Y   F   T
S T A M P S   C A S U A L
T   K   S       L   L E
```

Puzzle 47

```
R E M E D I E S   G U S T
O   I   E M   C   N   A
A N T I C   P   R A D A R
R   T   O   I   Y   E R
    I M P R O P E R L Y
L   P   M   E   T   A I
A L I B I S   T O U C A N
W   Q   S   C   G   T G
F O U R S Q U A R E
U   A   I   C   A   W F
L I N G O   K   P E A R L
L   C   N   O   H   L A
Y O Y O   P O L Y G L O T
```

Puzzle 48

```
G E M S   D A M P N E S S
L   A   C   S A T   E
A I R S H I P   R E E V E
D   E   I   E   A   R   N
D I S P L A C E M E N T
E       D   T   I   A S
S O P H I A   S L A L O M
T   A   S A   I     A
  A L P H A B E T I C A L
T   A   N   J A   H   L
R E V U E   U P R A I S E
O   E   S   R   Y M   S
T H R E S H E D   S P A T
```

Solutions

Puzzle 49

```
P R O N T O . R . C . B
O . U . . S T O P O V E R
K I T . . I . O . L . F
E . L A Y E R S . U P O N
R . A . R . T . M . O
S T Y L E . G E R B I L S
. . A . K . R . I
H A R M O N Y . P A C T S
. N . P . O . R . O . T
M E M O . W R E A T H . R
. M . O . H . S . E V E
S I G N P O S T . . R . S
. C . S . W . S A B E R S
```

Puzzle 50

```
. C O M M U N I T I E S
R . V . E . O . Y . S . C
O . E . L E T U P . T W O
C O R A L . I . E . E . M
K . P . O . F . D U R U M
T R A M W A Y S . . . . O
H . Y . S . . . Q . S . N
E . . . . P O P U L O U S
B A C O N . C . A . P . E
O . A . O . C . R E R U N
A S K . V A U N T . A . S
T . E . A . L . E . N . E
. O S T E N T A T I O N
```

Puzzle 51

```
I . T . B . . L . W . M
C U R V E S . S O U R C E
I . A . L . R . B . I . A
C O M M O D E . E X T O L
L . M . W . M . L . S . S
E W E R . B A S I C
S . L . P . I . A . D . G
. . F E R N S . Z E B U
S . S . R . I . U . I . E
C A P R I . N E M E S I S
R . A . O . G . B . T . S
U P S I D E . E R M I N E
B . M . S . . A . C . S
```

Puzzle 52

```
P U T T S . S Q U A L L S
U . O . U . E . T . A
S . N . B . E . H O B B Y
H I N D M O S T . M . E
I . A . I . A . G I L L S
N I G H T O W L . C . P
E . E . S . . I . I . L
S . . M . T A S M A N I A
S T R A W . N . P . C . S
. R . D . S K I R M I S H
C I T E D . L . E . S . I
. T . U . . E . S . O . N
R E S P E C T . S P R I G
```

Puzzle 53

```
A . W . Y . . C . A . S
V E R G E R . T U N E U P
A . E . T . R . C . S . I
I N S P I R E . K N O W N
L . T . S . F . O . P . Y
E L L S . D E C O R
D . E . P . C . S . A . B
. . W A N T S . A D Z E
O . O . R . I . S . J . A
V A P O R . O U T P O S T
E . I . O . N . E . U . L
N I N E T Y . S W E R V E
S . E . S . . S . N . S
```

Puzzle 54

```
. A . A . B . S . A . L
A N A C H R O N I S T I C
. T . C . O . A . P . A
A S S U M I N G . I R I S
. . S . L . S . R . S
C A T E R E R . M E M O S
R . . R . R . S . . . N
A G E N T . C U T L A S S
. U . O . P . F . U
S M U G . L I F E L I N E
. E . O . U . U . L . I
I N C O N S I S T E N C Y
. T . D . H . E . D . K
```

228

Puzzle 55

```
V E H I C L E S   B E T A
E   A   O   N   U   N   S       S
R A V E N   J   N I C K S
B   E   F   O A L     I
    M E T I C U L O U S
P   S   S   N   T   S   T
R E C E S S   C H E E S E
O   H   I   S   O   S   D
P R O M O N T O R Y
O   O   N   R   I   O   G
S A L S A   O   Z E B R A
A   E   L   K   E   O   I
L I D S   H E A D R E S T
```

Puzzle 56

```
  D   I   B   S   S   R
L O A N E R   P E P P E R
  H   T   A   A   L   P
D A Z E   V E R T E B R A
  R   E   S   N   I
C H A P E L S   A D D E D
  A   O   Y   U   I   V
S M I L E   P R O F F E R
  M   A   S   G   E
T E N T A C L E   R U N G
  R   I   O   N   O   O
B E M O A N   C L U M S Y
  D   N   E   Y   S   E
```

Puzzle 57

```
T A T T O O   A   D   G
A   I   F I R E W O R K
L E G   F   T   I   I
L   H A W A I I   N E T S
E   T   L   S   D   T
R O S E S   V A L L E Y S
  Y   S   N   E
F O R E V E R   A D L I B
  R   S   R   H   I   I
H I F I   P A Y O F F   N
  G   G   E   D   T E A
D I S H O N O R   E   R
  N   T   T   A V I D L Y
```

Puzzle 58

```
M I M I C   B L O A T E D
I   A   H   I   G   N
S   G   E   S   N E E D S
S E P A R A T E   O   O
H   I   I   R   C L O W N
A V E R S I O N   D   O
P   S   H   F   M   R
E   T   O R G A N I S M
N E X U S   U   S   S   A
  L   N   S L O T H F U L
E V A D E   E   I   I   I
  E   R   R   N   R   Z
E S C A P E S   G E E S E
```

Puzzle 59

```
  P A T R O N I Z I N G
D   R   U   I   L   A   T
I   R   N A C H O   C U R
S H A R D   H   T   R   A
P   I   O   E   Y I E L D
E D G E W I S E     I
N   N   N   S   D   T
S     D A I Q U I R I
A N G E L   L   U   V   O
B   R   O   B   A D O R N
L E A   S M E L L   R   A
E   F   E   D   L   C   L
  S T E R E O T Y P E D
```

Puzzle 60

```
R I V A L S   A B J E C T
E   I   A   C   U   L   H
E M B A R G O   R   A   I
K   R   K   P E N A N C E
E X A M S   I   O     V
D   T     O   U N T I E
  E   T R U S T   W
N A S T Y   S     E   A
I     C   N   F I N E D
P R O V O K E   L   T   A
P   R   O   S H O W I N G
E   E   N   S   U   E   I
D I S U S E   F R E S C O
```

Solutions

Puzzle 61

```
B A N D A G E D . L I M P
U . I N . T . . D . U .
M O C H A . H E M M I N G
P . E . L . I . . O . I
. T . G . C Y N I C A L
C O Y N E S S . A . Y . I
A . . S . . U . . . S
N . S . I . L E G R O O M
T O C C A T A . H . C
A . U . . R . T . C . V
T E L A V I V . I N U R E
A . P . . A . L . P . N
S I T S . D E W Y E Y E D
```

Puzzle 62

```
C R U I S E . U . E O N
. E . N . A S S A Y . E
U S E L E S S . E . E . W
. C . E . H . D O W N Y
L I V E R I E D . . A . E
. N . I . N . B . S . A
A D D I N G . A U T H O R
S . U . G . L . L . M
S . A . . B A L L E T I C
A T L A S . R . E . N
I . I . L . C A T A L O G
L . T O O T H . I . U
S A Y . W . . I N F E S T
```

Puzzle 63

```
S . H . S . R . S . E . C
H E A R T F E L T . R H O
A . R . O . T . I . A . P
M E D I C . A M N E S T Y
E . B . K . K . K . C
. C A T E R E D . S O F A
M . L . D . C . V . T
A L L Y . S T R O K E D
S . . S . O . M . R . R
S H I A T S U . F O R G O
I . O . A . C . O . A . A
V E T . I N H E R I T E D
E . A . R . Y . T . E . S
```

Puzzle 64

```
R E V E R S E S . A B L E
A . I . E . D . . R . V
V E E R S . I M I T A T E
E . W . I . T . . Z . N
. E . L . E L I T I S T
M U D D I E D . N . L . F
O . . E . . S . . U
O . E . N . D U T I F U L
R I S O T T O . A . I
L . C . . R . N . B . P
A D H E R E S . T R U C E
N . E . . A . L . L . A
D O W N . P L A Y B A C K
```

Puzzle 65

```
B A C H . D R U M B E A T
L . H . P . A . U . R . E
I C E B E R G . L U R K S
N . S . R . . T . A . T
D I S A S S O C I A T E
I . . U . P . F . U . E
N A G . A R E N A . M U M
G . R . S . R . R . P
. N A V I G A T I O N A L
G . N . V . . O . I . O
U N D U E . F L U E N C Y
S . M . L . E . S . O . E
H E A V Y S E T . A N T E
```

Puzzle 66

```
G U L P S . T A K E O U T
E . A . I . U . . A . P
N . M . L . S . W R A P S
E S P R E S S O . T . E
R . R . N . L . S H O R T
A G E N C I E S . S . . W
L . Y . E . . S . J . I
L . . T . C O M P L A I N
Y A C H T . P . I . C . K
. L . R . B I A N N U A L
A B H O R . N . O . Z . I
U . B . . E . F . Z . N
A M A S S E D . F L I N G
```

Puzzle 67

```
  U L U   S   B A
U P M A R K E T   A L G A
  P   U   U   A R   E
B E A N   L I G H T I N G
  R   C   E   E       T
A S P H A L T   T E R S E
    E   E   E   G
F E A S T   A N N O Y E D
  R       U   T   I   N
F A S T E N E R   S A M E
  S   I   I   A   T   E
L E N D   F U N N I E S T
  D   E   Y   T   C   H
```

Puzzle 68

```
R   S   T     V   S   A
U N C L O G   D I S O W N
M   O   A   E   N   L G
P A R A D O X   T R I L L
L   I   Y   C   N   D E
E T N A   L U R E S
D   G   I   L   R   R O
      A G A P E   W E I R
S   S   N   A   J   A D
P A T I O   T R A N C H E
O   E   B   E   U   H R
I M P E L S   U N W E L L
L   S   E       T   S Y
```

Puzzle 69

```
  O   B   G   L   S   B
O B L I G A T E   N O U S
  S   N   V   V   I   T
H E L D   O V E R P L A Y
  S   W   T   L       N
A S S E R T S   L A V E R
    E   E   B   Q
H E I D I   G E N U I N E
  X   O   D   A       E
W H A T E V E R   R O A D
  A   O   A   O   I   R
S L A P   L E C T U R E D
  E   S   S   K   S   R
```

Puzzle 70

```
I M P O R T   A B B O T S
N   A   O   S   A N   K
D I S G U S T   L   T I
U   T   T   A X O L O T L
C A R V E   T   N     L
T   A   E   E A S E S
    M   R A L L Y   P
H A I K U   I     E   A
A   M   N   M E E T S
V I S I B L E   E D   C
I   E   L   S E R V I L E
N   E   E   S   I   N N
G A R I S H   S T A G E D
```

Puzzle 71

```
  S O R C E R E S S E S
S   N   H E   H   A   S
U E   E A T E R   R O W
B I T E R   E   U N   I
S   I   U   L   B E S O T
I M M O B I L E       Z
S   E   S     F   C   E
T     D E C I P H E R
E R R O R   A   G   I L
N   E   E   S M A L T A
C O L   N O I S E   L N
E   A   A   E N   E D
  E X P L O R A T O R Y
```

Puzzle 72

```
B O R N   C A R D I G A N
O   A   P U   I   I   O
O U T W E A R   S I N U S
K   I   R   O   C   S Y
C R O S S G R A I N E D
A   E   A   P   N     S
S L E E V E   S L I G H T
E   N   E   A   I     A
  O V E R A B U N D A N T
L   Y   A   R   A U   U
A V I A N   U P R I G H T
M   N   C   P   Y   U E
B A G U E T T E   E R O S
```

Solutions

Puzzle 73

```
H A T A B . T F .
A L L O W A B L E . O A R
N T I L N . F . E
G L E N S . A C C R U E S
S . R T Z . H . H
. L E V E L E D . H E A L
P . G D . . I X Y
A V O W . P O U N D E D .
U . . F R N . C . C
N O V E L L A . A C U T E
C . A U C . R T . A
H A S . M E L O D I O U S
Y . E P E S . R . E
```

Puzzle 74

```
D U E L . E M I G R A N T
O . M H I . L . N . R
U N B L O C K . O L I V E
B . E . M A B . S . A
L E D G E . D E E P E N S
E . . L . O . T . E U
C O P I E S . T R A D E R
H . A . S A . O . . E
E X C U S E D . T I G H T
C . K N . J . T R . R
K N A V E . O R E G A N O
E . G S . I . R . N V
D R E S S I N G . I D L E
```

Puzzle 75

```
B U B B L E . S C Y T H E
. N U . L . T . A . E
G O O F . M A R C H I N G
. P F . S . E . O . .
S P L A Y . S T R O K E S
. O L D . C . . . N .
A S T O N I S H I N G L Y
. E . R . Y . E . I .
A D O P T E D . S I E V E
. U . C . A . T . E .
A T H L E T I C . H I N D
. A L . O . T . E . E
C U R S O R . S T R I D E
```

Puzzle 76

```
. S B . S . S L . M .
D E C E N T . C R A V A T
. A A . A . A U . R .
I M P S . B A L L G A M E
. . T . L . E . H O .
I M P O S E S . M I D S T
. U F . S . M . N E .
C L U B S . H A U G H T Y
. T U O . R . . S . .
L I B R E T T I . T E A R
. P D . T . M . O M .
F L E E C E . B E C O M E
. E N . R . A . K O .
```

Puzzle 77

```
M O N G O O S E . A R I A
A . E V E . S . E . . B
C Y C L E . R . U N P I N
E . K R A . B . T . . E
. . . N I T P I C K I N G
K A N . H . O . L . A .
E M B O D Y . I N T E N T
E . R U A . S . S . E .
P R O F L I G A C Y . .
S . G G . E . I . A P
A M A Z E . . O W N E R .
K . T D . D U E . E . E
E K E S . C A U S E W A Y
```

Puzzle 78

```
W H I F F . T O P P I N G
A . M E R . R . . . R O
T . P R A . M I N O R .
E N A C T I N G . Z . K
R . C . I C . Y E A S T
H O T E L I E R . D . R
O . S . E . P . H . A
L . . G . A U T O B A H N
E G G E D . R . T R . S
. A M . W A S H E D U P
E T H I C . N . O . I
. E . N . U . L E . S
A S P I R E S . E E R I E
```

232

Solutions

Puzzle 79

M	I	S	S	A	L		A		B		S	
O		E			A	B	S	U	R	D	L	Y
B	A	A			M		T		O		E	
I		B	O	O	B	O	O		W	E	E	P
L		E		S	U	B		P				
E	L	D	E	R		I	N	V	E	R	S	E
			C		R		D		A			
S	T	A	S	H	E	D		U	T	T	E	R
	A		T		S		G		E		E	
S	K	U	A		P	A	R	K	E	D		
	E		T		R		I		I	O	N	
I	R	R	I	T	A	T	E			U		E
	S		C		Y		F	O	R	M	E	D

Puzzle 80

	S	E	N	S	I	T	I	V	I	T	Y	
C		P		O		A		O		O		A
A		I		R	E	M	I	T		M	U	D
T	I	T	E	R		P		E		E		O
C		O		O	E		S	I	S	A	L	
H	O	M	E	W	O	R	K				E	
P		E	S				R		C		S
H			R	E	P	U	B	L	I	C	
R	A	B	I	D		X		N		A	E
A		R		R		I		A	P	R	O	N
S	E	A		I	N	L	A	W		I		C
E		V		F		E		A		O	E
	S	O	O	T	H	S	A	Y	I	N	G	

Puzzle 81

F	U	L	L		I	M	M	A	N	E	N	T
R		E		S	U		C		M		R	
A	Z	A	L	E	A	S		C	O	P	R	A
G		R		L		I		I		I		N
M	E	N		F		N		D	A	R	E	S
E			E	A	G	L	E		E		C	
N		U		M			N		S		E
T		N		P	I	V	O	T			N
A	R	I	E	L		I		A		B	U	D
T		F		O		R		L		A		E
I	V	O	R	Y		A	I	L	E	R	O	N
O		R		E		G		Y		O		C
N	A	M	E	D	R	O	P		K	N	E	E

Puzzle 82

	B		C		R		S		P		C	
P	A	G	O	D	A		P	A	R	S	O	N
	I		N		B	E		O		A	
S	L	O	T		B	A	C	K	F	I	R	E
			E		I	K	E		E		S
T	R	I	N	I	T	Y		A	S	P	E	N
	I		T		S	S		S		L	
S	T	E	E	P		A	C	R	O	N	Y	M
	U		D		S	H		R	
B	A	R	N	A	C	L	E		S	A	S	H
	L		E		O		M		H		I
C	L	O	S	E	R		E	D	I	C	T	S
	Y		S		E		S		P		E

Puzzle 83

	T		A		S	F		A		P
M	U	T	I	N	E	E	R		G	A	L	E
	X		R		N	A		A		U
S	E	L	F		D	E	M	E	R	A	R	A
	D		I		E			A	
S	O	M	E	O	N	E		P	I	L	L	S
		L		G		S	D	
A	B	I	D	E		T	H	R	O	U	G	H
	L		L		I	L		O		.
M	A	C	A	R	O	O	N		A	R	T	Y
	N	W		Y		D	T		H
S	C	A	R		A	C	I	D	R	A	I	N
	H		Y		L	G		Y		C

Puzzle 84

C	L	U	E		M	A	D	H	O	U	S	E
R		N		C		A		P			X
E	N	C	R	U	S	T		I	N	G	O	T
D		L		R		I		R		R		R
U	S	E		S		N		D	R	A	M	A
L			E	L	G	A	R		D		V
O		H		R			E		E		A
U		A		Y	A	W	N	S			G
S	U	P	E	R		I		S	P	A	
N		P		H		L		I		T	N
E	M	E	R	Y		L	O	N	G	E	S	T
S		N		M		E		G		E		L
S	U	S	P	E	N	D	S		X	R	A	Y

Solutions

Puzzle 85

```
R O L E   A T T E N D E D
E   E W H   C   E E   E
P O A C H E R   C A P E S
H   S   O U   E   O   K
R U T H L E S S N E S S
A   E   H   T   I   W
S O O T H E   W R I T E R
E   R   E E   I   I
  D I S A F F E C T I O N
T   N R   F   I   N   K
A F O O T   O P T I C A L
L   C   E   R Y   U   E
C H O R D A T E   A R I D
```

Puzzle 86

```
  S E D U C T I V E L Y
R   N   T U O   A   H
E D   T E M P I   S T Y
A R G U E   B C   S   P
P   A R   L   E P O C H
P A M P E R E D       E
R   E   D   S   T   N
A     C R I T E R I A
I C I N G   E   U   A T
S   B   A F   M U F T I
A S S   B L U R B   F O
L   E   L T   L   I   N
  A N T E C E D E N C E
```

Puzzle 87

```
A N T E R O O M   N E A R
S   R   E U   C   O
I T A L Y   T E A C H E S
A   I   K S   O   E
    T   J   E A S I E S T
D I S T A N T   I D   T
I   V   I   L       E
S   D I   C A L L O U S
S N E A K E R   I   N
U   T   A   N   W   S
A P O L O G Y   E X A L T
D   U   O   S   R   U
E A R L   O N E S I D E D
```

Puzzle 88

```
  A   A F   A   S S
L U N C H E O N   O P U S
  G   Q R   G   L   P
K U D U   M O R E O V E R
  R   I E   Y       R
H Y D R A N T   G L O B E
    E   T   H   A
G O O D S   B A B B A G E
  U   G   D   R   I
S T I T C H E D   A I M S
  C   U   O   O   D   L
G R I T   U N C O O K E D
  Y   U   L   K   R   T
```

Puzzle 89

```
D I L A T I O N   J E E P
O   Y   O   C   V   I
T A R O T   U N C L E A N
E   I   T   L   N   T
    C   E   A I M L E S S
I N S U R E R   E D   I
N   I   L       L   Z
E   I   N   A G O N I Z E
D E M I G O D   D   N
I   B   O   R   C   O
B R U I S E R   A P I S H
L   E   E   M   S   M
E D D Y   E S C A P E E S
```

Puzzle 90

```
  S   G A   G   S   D
I N C R I M I N A T I O N
  A   A I   A   A   W
E G G P L A N T   T E N T
      H   B S   U   L
M E S S I L Y   D E C O Y
  L   Y   D     A
L E M M A   L I Q U I D S
  C   I   S   S   P
I T E M   K N O C K O F F
  R   I   I   B   E A
C I R C U M F E R E N C E
  C   S   S   Y   P T
```

234

Puzzle 91

```
B O N S A I . A . T . D .
I . E . . . M E M O R I E S
G N U . . P . A . O . . C .
W . R E S E N T . M A R E .
I . A . L . E . B . . E .
G I L T S . T U T O R E D .
. . H . G . R . N . . . . .
A S C E T I C . R E C A P .
. U . M . N . W . . O . R .
I N C A . G R A N N Y . I .
. L . T . H . S . . O D D .
L I T I G A N T . . T . E .
. T . C . M . E X C E S S .
```

Puzzle 92

```
E D I T O R . I N W A R D
. E . E . O . N . R . A .
A V E R . O U T G O I N G
. E . M . T . I . N . . .
F L A I R . S M U G G L E
. O . N . I . A . . . O .
S P L I T D E C I S I O N
. E . E . Y . L . K . . .
O D D M E N T . D I N A R
. O . T . L . M . L . . .
G R A T U I T Y . M A I D
. O . O . F . N . E . K .
D E A R L Y . X E R X E S
```

Puzzle 93

```
C L A D . B R I S T L E S
O . D . I . U . W . E . E
N O M I N A L . I N A P T
T . I . T . I . M . R . S
E N T H R O N E M E N T .
M . . O . G . I . E . A .
P O M A D E . S N A R E S
T . A . U . B . G . . C .
. E L E C T R O P L A T E
A . L . T . I . O . L . N
Q U A S I . D R O P P E D
U . R . O . A . L . H . E
A R D E N T L Y . B A L D
```

Puzzle 94

```
R O O S T I N G . B L O C
A . R . E . I . . O . O .
S H E E N . G R A D U A L
P . G . N . H . . D . O .
. O . E . T I C K L E S .
G E N E S I S . O . Y . S
R . . S . . N . . . . U .
I . S . E . A N G E L U S
N A T T E R S . R . A . .
N . R . Y . U . Z . S . S
I N I T I A L . E X U L T
N . P . . U . N . . L . A
G L E N . E M P T Y I N G
```

Puzzle 95

```
S P R I N G . W A T E R S
. R . L . A . I . U . E .
C U L L . S A N C T I F Y
. D . E . H . D . O . . .
D I R G E . O P P R E S S
. S . A . A . I . . . W .
P H I L O S O P H I C A L
. L . . . P . E . N . L .
T Y P E S E T . S T O L E
. . X . R . K . E . O . .
O P T I C I A N . N E W S
. I . T . T . E . S . E .
F E I S T Y . W I E L D S
```

Puzzle 96

```
. B . Q . M . C . U . K .
M A T U R E . A W N I N G
. S . I . M . B . A . O .
C H I C . B A L L C O C K
. . K . E . E . C . K . .
M Y S T E R Y . D O D O S
. E . E . S . M . U . U .
F A R M S . P E A N U T S
. R . P . E . A . T . . .
I N G E S T E D . A G O G
. I . R . U . O . B . I .
U N B E N D . W I L D L Y
. G . D . E . S . E . S .
```

235

Solutions

Puzzle 97

```
R E P R O A C H   K I E V
O   O   R A   E G   I
S T U N G   S   X E N O N
Y   T   A H   P   I   E
    I N D E C E N T L Y
A D   I   W   R   I   A
F R I Z Z Y   D I N N E R
L   S   A A   M   G   D
U N A T T A C H E D
T   R   I   T   N H   P
T O R S O   I   T H E I R
E   A   N   V   E R   A
R A Y S   H E I R L O O M
```

Puzzle 98

```
N O Z Z L E   F J O R D S
E   U   O T   O U   P
L I C E N S E   C   S   I
S   C   E   T R U S T E D
O T H E R   R   L     E
N   I     A   A R B O R
    N   O C H E R   A
A D I E U   E     C   A
C     T   D   O A K U M
C R U I S E R   C   S   U
E   L   O   O C T O P U S
S   N   L   N   E   I   E
S H A N D Y   S T O N E S
```

Puzzle 99

```
A R C S   S T I F L I N G
P   L   C H   A   M   E
P R I V A T E   I N P U T
O   M   U   F   N   L   S
S U B S T I T U T I O N
I     I   S   H   R   S
T O M T O M   B E R E F T
E   A   U   N   A     O
  A R I S T O C R A T I C
O   K   N   T   T   I   K
S U E D E   I N E R T I A
L   R   S   C   D   L   D
O B S E S S E S   H E R E
```

Puzzle 100

```
U N I T   A C T U A T O R
N   C   L   O   N   A   O
S A I L I N G   R E B E L
Y   L   S   N   E   L   L
M A Y   T   A   A B O V E
P     L O C H S   I   R
A   E   E     O D   C
T   M   S T A I N     O
H E A L S   D   A   V I A
E   N   N   V   B   O   S
T R A D E   I L L I C I T
I   T   S   C   E   A   E
C H E S S M E N   B L U R
```

Puzzle 101

```
D O D G E   M A L A R I A
I   I   X   U   C   N
S   S   P   S   F U E L S
C O A L E S C E   I   E
O   B   N   A   S T A T E
V A L I D I T Y   Y   L
E   E   S     L   S   E
R   S   A T L A N T I C
S C R A M   O   N   O   T
  H   F   B U C K A R O O
M U R A L   R   I   I   R
  T   R   E   E N   A
S E M I N A R   R E G A L
```

Puzzle 102

```
A   S   A     H   S   S
C O L U M N   T E A C U P
C   I   B B   A   A   A
O A T M E A L   R U L E R
S   H   R   I   T D   K
T I E D   E N T E R
S   R   A   D   N   C C
      G U L F S   J A V A
A   P   G   O   S   R   D
S T O R M   L O W E R E D
C   L   E   D   I   I   I
O N I O N S   A S S E S S
T   S   T     S   R   H
```

236

Solutions

Puzzle 103

```
T H I E F   H E A T I N G
O   N   I   E     E     A
R   F C R   F L A N S
M E A L T I M E     L   N
E   N   I   I   K E N Y A
N A T I V I T Y     R   P
T   S   E     S O O
E     B E S O T E R I C
D E T E R   O   R   D   R
  X   A   A F F I N I T Y
H U S K S   T   P   N   P
  D   E   E   E   E A   H
D E A D P A N   D E L T A
```

Puzzle 104

```
C O P Y   B O T H E R E D
O   R   L   W   A   E   I
U T O P I A N   B O G U S
N   N   C   E   E   I   P
T U G   K   R   R U M B A
E     E A S E D     E   R
R   R   T     A   N     A
F   E   Y O K E S     G
E D G E S   E   H   B Y E
I   A   P   R   E   O   M
T W I L L   N U R T U R E
E   N   I   E   Y   N   N
R E S E T T L E   E D I T
```

Puzzle 105

```
M I S E R S   E   F   A
A   U   T U S S L I N G
K E N   E   T   O   O
E   D Y N A M O   O H I O
D   A   K   N   D   N
O B E S E   V I O L A T E
    H   P   A   I
B I T U M E N   S T R I P
  C   T   N   P   E   A
G I R D   S A L O O N   C
  C   O   I   U   A R K
G L O W W O R M     M   E
  E   N   N   S C R E E D
```

Puzzle 106

```
W R E N C H     C   S I R
  E   A   S A L T Y   E
I D Y L L I C   A   S   A
  R   I   A   N A T A L
M A R I G O L D   E   I
  F   U   P   C   M   Z
S T A P L E   C H A S T E
U   C   A   F   I   R
G   I   P A N C R E A S
G I D D Y   R   K   I
E   I   O   C O P Y I N G
S   F U G U E   E   E
T R Y   I   S A L A D S
```

Puzzle 107

```
C U P S   S C A N S I O N
H   E   F   U   E   N   O
O D D N E S S   W O V E N
R   A   A   T   T   O   A
E L L   R   O   E V I C T
O     G   L I M P S   C   T
G G   E     T   E   E
R   U   S O F I A     N
A M I S S   E   M   C A D
P   T   N   T   E   R   A
H E A V E   T E N S I O N
E   R   S   L   T   E   C
R E S I S T E D   E D G E
```

Puzzle 108

```
M U T T   T H I C K S E T
A   R   A   I   O   U   U
C R U I S E S   M I M E S
H   M   T   S   M   A   K
I M P R O V E M E N T S
S     N   S   N   R   A
M Y S T I C   A S S A I L
O   T   S   E   U       L
  D I S H O N O R A B L E
D   M   M   R   A   L   G
R O U G E   A R T D E C O
E   L   N   G   E   A   R
W H I S T L E D   S T A Y
```

237

Solutions

Puzzle 109

C	I	T	Y		S	C	I	S	S	O	R	S
E		W		C		A		E		U		C
R	E	A	C	H	E	D		L	I	T	E	R
E		N		E		D		F		L		U
M	A	G	I	C		I	R	I	D	I	U	M
O			K		E		N		N			P
N	I	C	K	E	L		S	T	R	E	E	T
I		A		R		T		E				I
O	C	T	O	B	E	R		R	O	D	E	O
U		H		O		O		E		O		U
S	T	O	M	A		J	E	S	T	E	R	S
L		D		R		A		T		R		L
Y	I	E	L	D	I	N	G		E	S	P	Y

Puzzle 110

H	I	P	S		U	N	G	U	I	D	E	D
O		I		O		I		N		E		A
M	A	X	I	M	U	M		E	N	A	C	T
E		E		N		B		M		D		A
M	U	L	T	I	P	U	R	P	O	S	E	
A			P		S		L		E			H
D	O	N	O	R	S		P	O	T	A	T	O
E		E		E		P		Y				U
	M	E	A	S	U	R	E	M	E	N	T	S
I		D		E		E		E		O		E
D	E	I	G	N		S	E	N	D	O	F	F
E		N		C		E		T		S		L
A	U	G	M	E	N	T	S		D	E	N	Y

Puzzle 111

Puzzle 112

Puzzle 113

L	O	C	A	T	E		B	E	S	T	O	W
E		H		O		C		R		R		I
S	O	A	N	D	S	O		A		E		D
L		P		D		N	E	S	T	E	G	G
I	N	L	A	Y		S		U				E
E		A				U		R	E	S	E	T
		I		M	E	L	E	E		T		
F	U	N	G	I		T				R		S
U			N		A		T	E	E	T	H	
E	M	O	T	I	O	N		I		A		A
L		O		M		C	L	A	I	M	E	D
E		Z		U		Y		R		E		O
D	R	E	A	M	Y		M	A	R	R	O	W

Puzzle 114

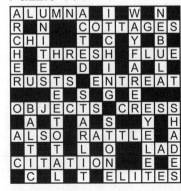

238

Puzzle 115

```
  T O A M S B
P R E C O N C E P T I O N
  A E T T O U
D Y N A M I T E   O W L S
    N   Q R L D
B R U S Q U E   A S K E W
  O     E L     R
J A M B S   C A R O U S E
  S   A   R   N   N
S T E M   O U T W E I G H
  I   B   O   E W O
U N C O M F O R T A B L Y
  G   O   S   N Y D
```

Puzzle 116

```
P E C K   A F F L I C T S
E   L   U E   O   A   E
R E I G N E D   N O V E L
P   N   R   O   G   E   F
E R G   E   R   S A M B A
N     G R A N T   A     S
D   C   I       A   N   S
I   E   S K E I N       U
C A R E T   L   D   F A R
U   A   E   E   I   I   A
L E M U R   V E N I S O N
A   I   E   E   G   H   C
R E C E D I N G   H Y P E
```

Puzzle 117

```
  S   K N S   N   S
T E N E M E N T   E E L S
  R   Y U   O   R   E
M E S H   T A K E O V E R
  N   O   R E     P
P A Y L O A D   S W A Y S
    E   L   B   A
L A P S E   M E R R I E R
  T     T   L   R   N
C O N T R A R Y   I F F Y
  N   A B   I   O   O
H E L P   B A N K R O L L
  S   S Y   G   S D
```

Puzzle 118

```
I M P E D E   A M A Z O N
M   L   E B   I   I   U
P L A Y F U L   S   N R
U   N   E   O F F I C E S
T A K E R   C   I     E
E   T   K   T I L E S
    O   L O B E S   O
C O N G A   U   B   K
I     C   S   S U S H I
C R I C K E T   E   T S
A   N   I   E X P R E S S
D   N   N R   A   R   E
A S S I G N   F L A S K S
```

Puzzle 119

```
W I S E   H E A D A C H E
A   T C   N   E   E   X
T O R C H E S   B A L S A
E   E   I   U   I   L   G
R O W E R   R O L L I N G
P     O   E   I   S   E
R E C I P E   S T A T O R
O   E   R   G   A     A
O D D B A L L   T R O U T
F   I   C   U   I   O   E
I S L E T   I O N I Z E D
N   L   O   N   G   E   L
G L A D R A G S   E D G Y
```

Puzzle 120

```
R   D G   J F   D   P
O P E R A T I V E   A D O
A   L L   T   A   R   S
S C U L L   T O R M E N T
T   S   I   E S       U
  D I N N E R S   S P A R
T   O   G       A L   E
H O N E   S C A N D A L
E     R   L   Y   N   A
R A V I O L I   M O T E L
E   A   A F   O   A   O
B U S   R E F U R B I S H
Y   T   S S   E   N   A
```

239

Solutions

Puzzle 121

```
R E D H O T . . B . E K E
. X . N . M I L E S . S .
S C U T T L E . I . T . C
. L . H . A . P O A C H .
P A Y M E N T S . T . E .
. I . D . Y . G E . W .
E M P L O Y . R A I S E S
N . R . T . O . L . V .
T . O . B A L L R O O M .
E A V E S . S . O . L .
R . E . A . I M P R O V E
E . R A F T S . E . E .
D A B . E . . O D E S S A
```

Puzzle 122

```
P U M A . D R U B B I N G
O . A . B . A . E . N . R
S E T T L E D . L A R V A
S . T . A . I . O . O . C
I C E . C . U . W H A L E
B . . K E M P T . D . L .
I . D . A . . H . S . E .
L E . N O R S E . . . S
I D L E D . E . B . W A S
T . A . B . P . E . O . N
I D Y L L . E N L A R G E
E . E . U . A . T . R . S
S U D D E N L Y . D Y E S
```

Puzzle 123

```
V E S T . P R O D U C E S
E . W . M . E . E . O . H
N O U R I S H . L A R G O
T . N . S . A . I . O . R
R I G H T . S U B U N I T
I . . R . H . E . E . T
L A P P E D . W R I T H E
O . L . A . I . A . . M
Q U A N T U M . T R A M P
U . C . M . P . E . N . E
I M A G E . A L L O V E R
S . R . N . C . Y . I . E
M E D I T A T E . S L E D
```

Puzzle 124

```
U R G E . C R U C I B L E
N . E . I . I . R . A . A
W A T E R E D . O U S T S
O . U . R . G . S . S . T
R E P R E H E N S I O N .
T . V . S . C . O . G
H Y P H E N . C O R N E A
Y . E . R . S . U . . R
. F R E E S T A N D I N G
M . T . N . A . T . N . O
A D U L T . T H R I F T Y
U . R . L . U . Y . E . L
L O B B Y I S T . B R I E
```

Puzzle 125

```
C R I S I S . U N F A I R
. A . I . W . N . A . R
R I N D . I N C L U D E D
. N . E . M . O . N
S P I C E . E M P A T H Y
. R . A . E . M . . I
C O R R E S P O N D I N G
. O . . C . N . O . D
O F F B E A T . A U G U R
. . A . R . G . B . K
H E P T A G O N . T H U S
. Y . H . O . A . E . S
R E J E C T . W O R T H Y
```

Puzzle 126

```
E A R S . E V E R Y O N E
N . U . P . O . E . V . N
V I C E R O Y . F L E E T
I . K . O . A . R . R . E
R I S K S . G R I N D E R
O . . P . E . G . U . T
N I C K E D . P E S E T A
M . A . R . A . R . . I
E N D M O S T . A L I E N
N . E . U . H . T . O . M
T O N G S . E N O U N C E
A . Z . L . N . R . I . N
L E A P Y E A R . S C U T
```

240

Solutions

Puzzle 127

```
M I A T D M
P I A N O S O L I V E S
  D C H K S A
L I D O A N Y T H I N G
  N M O E T
K I R S T E N B A S I S
  N I D G R M
A S I D E F I F T I E S
  O E A R E
A M B R O S I A N E O N
  N A K F I N
T I P T O E F I N A L E
  A E D E G Y
```

Puzzle 128

```
A I L T B T
A L L S P I C E A M I D
  L C G A W N
T U B A H O M E L A N D
  D R T S E
R E T I R E D H O R D E
  O N P V
M O U T H F R I E N D S
  C G E R E
T E A R D R O P P A N E
  L I I A A T
H O R N M A I N S T A Y
  T K Y D S L
```

Puzzle 129

```
G U Y S R E M E M B E R
R U C X X O E
U N C L A S P P A U S E
E C N I E D D
S H A T T E R P R O O F
O A Y I I P
M A R I N A A M O R A L
E I K U E A
U N R E A S O N A B L Y
S G R A T R R
C A I R O B R A V A D O
U N U L L C O
D I G E S T E D T E R M
```

Puzzle 130

```
V U L T U R E S O D E S
A O N X R O A
M U T E D T E D G E D
P S I R Q E D
    I M M A C U L A T E
P T I S I R N
A C H I N G G R I E V E
T R I P E D D
H A I L S T O R M S
L V H N E S C
E L I T E C N E W L Y
S N D H T A A
S I G H H O R S E M A N
```

Puzzle 131

```
T O S S C R I M I N A L
A W D O O A I
S P I R I T S U S I N G
T N S C N R H
E D G E R O U T M O S T
L U E A B F
E S C A P E B I K I N I
S O T D N N
S U N R I S E S L I N G
N T V A I G E
E R O D E F I D D L E R
S U L E E O E
S P R A Y I N G W O O D
```

Puzzle 132

```
U N I C Y C L E G A R B
R N A E M R
N E V E R A R I Z O N A
S E D S U C
  S S E N G O R G E
R O T A T E D U S L
E I A E
A B C V A R I A N T
C R I N K L E D L
T O R S U H
I N T E N D S M A M B A
V I E A N Z
E A C H I D E N T I T Y
```

Solutions

Puzzle 133

```
A C H E   B E C A L M E D
C A D N   S   A   U
C O N S I S T   T U R F S
E   O   S   I   R   T   T
P H I L H A R M O N I C
T   E   E   L   N   S
E N T R A P   B O Y I S H
D   H   R   G       O
  B R O T H E R I N L A W
D E   E   B   C   A   C
Y E A R N   O C A R I N A
E   D   E   R   L   R   S
R E S I D E N T   I S L E
```

Puzzle 134

```
  T   U G   S   S   A
M A N N E R   C R A B B Y
  X   F   E   A   L   U
C I A O   A R R I V I N G
    R   T   F   A   D
S P A T U L A   S T R A P
  A   U   Y   C   I   N
P R A N K   T H R O A T Y
  M   A   G   I   N
T E C T O N I C   A L O E
  S   E   A   O   R   U
F A L L O W   R E M A R K
N   Y   S   Y   Y   S
```

Puzzle 135

```
  D   B   C   S   S   S
A U T O M A T I C A L L Y
  K   D   R   X   L   A
R E L E V A N T   A C N E
  G   M   Y   M   T
C H E A T E D   T I B I A
  E   L   F   N
L A N C E   T R I L O G Y
  D   R   A   E   A
U R D U   C I T I Z E N S
  O   M   H   T   I   I
D O U B L E D E A L I N G
  M   S   D   D   Y   E
```

Puzzle 136

```
S H E E T I N G   P R O D
A   N   A   O   U   I
L A S E R   O R A N G E S
T   I   A   D   G   A
  G   N   L I O N E S S
M A N A T E E   U   D   T
A   U   T   E
N   S   L   S P E A K E R
I M P E A C H   R   N
F   O   E   M   O   I
O U T L O O K   O R C A S
L   T   E   S   K   I
D A Y S   E L I T I S T S
```

Puzzle 137

```
I N C H   P H O N E T I C
R   O   U   Y   O   A   O
R E V E N G E   N Y L O N
E   E   P   N   A   E   V
C A R O L   A T L A N T A
O   E   S   C   T   L
V E R B A L   M O U S S E
E   E   S   H   H   S
R E S T A T E   O P T I C
A   O   N   R   L   H   E
B E R E T   O P I N I O N
L   T   L   E   C   G   C
E S S A Y I S T   S H O E
```

Puzzle 138

```
O T T A W A   E   R   A
F   I   G L A C I A T E
F A T   L   R   G   H
I   L A G O O N   H E E L
C   E   W   E   T   N
E I D E R   P R O F E S S
  M   A   S   U
E S Q U I R E   F L O U T
  A   L   S   T   B   H
E L K S   E G O I S T   A
  A   I   N   N   A N T
G R A F F I T I   I   C
  Y   Y   C   C R U N C H
```

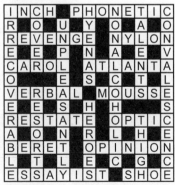

242

Puzzle 139

```
  H   F   D   A   S   F
M A N I F E S T A T I O N
  L   D   M   O   U   R
W O O D W O R M   C H E W
  L   T   S   C   H
H E R E T I C   R O L E S
  X   C   T       A
G A F F E   C H A R A D E
  L   O   C   A   E
S T I R   L I N C H P I N
  I   C   O   K   E   L
U N D E R T H E T A B L E
  G   S   H   D   T   S
```

Puzzle 140

```
  D   S   S   S   L   M
S E M A N T I C   O N Y X
  P   B   A   R   G   R
D O D O   R H E T O R I C
  R   T   T   W   A
S T E E P E D   F E E D S
      U   D   B   N
A V E R S   J U S T I F Y
  I   D   L   I   O
C O R P O R A L   T U R N
  L   O   O   I   L   G
L E E R   L E S S E N E D
  T   K   L   H   S   D
```

Puzzle 141

```
C A L M   C H A I N S A W
A   A   C   I   N   U   E
P O T S H O T   A N N U L
A   I   U   C   B   D
C O N T R A D I C T E D
I       C   R   E   A   C
T A P   H A I L S   M O O
Y   R   W   E   S       N
  C O W A R D L I N E S S
S   G   R   B   N   T
P A R E D   D E L I V E R
U   A   E   U   E   O   U
D O M I N I O N   L Y R E
```

Puzzle 142

```
  O   S   A   E   P   S
A D M I S S I B I L I T Y
  O   L   C   B   A   U
T R A V E R S E   S I N G
      E   I   D   M   N
D I S R O B E   C A B I N
  N   E   W       N
S T A G S   L I N I N G S
  E   U   S   T   D
O G R E   T I N G L I N G
  R   S   A   E   I   E
F A I T H L E S S N E S S
  L   S   E   S   G   T
```

Puzzle 143

```
F O L D S   C R E A T O R
I   O   E   A   E   F
S   W   R   N   F R E T S
T U T O R I N G   A   E
F   E   A   O   S T I N G
I N C I T I N G   E   L
G   H   E   P   I   O
H   F   S H R E D D E R
T R E A T   O   N   I   I
  I   I   S T A N D O F F
A D O R E   D   A   T   I
  E   L   O   N   I   E
P R A Y I N G   T I C K S
```

Puzzle 144

```
I N S I D E   E   O R E
  E   O   H I V E S   M
P A R T W A Y   E   M   P
  T   N   M   S C O U T
R E D E F I N E   S   I
  S   A   S   P   I   E
S T E A L S   B E A S T S
Y   X   L   T   R   E
N   T   O U T S M A R T
O C E A N   R   I   R
  O   N   I   N O S E B A G
Y   D E B T S   T   I
M R S   S   A S S E N T
```

Solutions

Puzzle 145

```
M E A D   A B S O L U T E
O   V   C   E   U   N   N
T R E B L E D   T I T H E
H   R   O   E   S   Y   R
E F T   T   C   T Y I N G
R     H I K E R   N   E
O   B   E       E   G   T
F   L   S K I R T       I
P O O C H   D   C   S A C
E   T   O   I   H   H   A
A L T E R   O V E R A L L
R   E   S   M   D   V   L
L A R G E S S E   V E R Y
```

Puzzle 146

```
  F   S   A   A   U   H
D E C O M P O S I T I O N
  T   U   O   H   T   L
L A C R O S S E   E V I L
    E   T   S   R   N
S W A D D L E   A S S E T
  E       E   H       S
M A Y B E   S E L F I S H
  P   A   V   N   O
M O N K   A S P I R A T E
  N   I   G   E   U   U
P R O N O U N C E M E N T
  Y   G   E   K   S   E
```

Puzzle 147

```
S U C K   S T O M A C H S
A   H   E   E   A   O
P R E P L A N   L Y R I C
P   A   E   S   O   D   K
H Y P O C H O N D R I A
I   T   R   R   A   T
R O T A R Y   G A U C H O
E   E   O   T   M   P
  A M A L G A M A T I O N
M   P   Y   R   T   M   O
O B E Y S   S N I P P E T
N   S   I   A   C   L   C
O B T U S E L Y   M Y T H
```

Puzzle 148

```
D O W N P O U R   A L U M
U   O   R   N   G   I   O
C A R G O   S   R E S I N
K   E   D   A   A   T   S
      S U F F I C I E N T
B   P   C   E   I   N   E
E V I C T S   P O S E U R
S   C   I   E   U   R   S
M O T I V E L E S S
I   U   E   A   N   E   H
R U R A L   P   E A R L Y
C   E   Y   S   S   G   M
H I D E   T E A S P O O N
```

Puzzle 149

```
B O D I C E   G   D   G
O   R   G U L L I B L E
B O A   Y   I   S   I
B   P E E P E D   C I T E
I   E   T   E   O   C
N O D E S   D R O U G H T
    X   F   S   N
S U P P O R T   S T E E L
  S   L   A   S   X   A
Z E R O   N U C L E I   Y
  F   R   T   A   T W O
S U P E R I O R   E   U
  L   D   C   P U N D I T
```

Puzzle 150

```
H A C I E N D A   S C A M
O   R   X   R   A   H   A
P L A Z A   O   B L A I R
S   M   C   O   S   P   K
      D E E P R O O T E D
C   M   R   S   L   E   O
A K I M B O   B U R R O W
P   G   A   I   T   S   N
S T R A T E G I E S
I   A   I   N   Z   S   A
C H I N O   O   E X E R T
U   N   N   R   R   M   O
M E E T   H E D O N I S M
```

Puzzle 151

```
L A M I N A . A M B L E R
O A E E . I U O
I N G R A I N . N L N
T N R D O U B L E D
E V E N S O T O
R T R I V I E S
. I H O S T A M
C A C H E E M W
O I M S P O O R
S N I F F L E W D A
M T E N E A T E N S
O C R T B S S
S C H I S T T S E T S E
```

Puzzle 152

```
Q R P W A P S
U N E A R T H E D A M P
I F E I I I R
L O O M S T R O U N C E
L R A E S A
L E D G E R S Y A R D
H S E P T S
A U T O C H E A P L Y
R H O L A F
P E R F O R M M A N T A
I O L A I T L
S E C L O G I S T I C S
T K Y E T S E
```

Puzzle 153

```
C O M P E L S W A T C H
A O V A E O A
N O U V E A U S I I
O S R T I T U L A R
P E S K Y H E D
Y A O R O M E O
K S I R E N A
Q U A R T I N S
U R T D E I S T
O R I G A M I E C E
R B T E S P O U S E
U E U S T R L
M A X I M S C H E E K Y
```

Puzzle 154

```
A N D R O I D S W H I P
C O B E O U
E R U P T F U R L O N G
S R R I R I
L U E Y E B A L L
A B Y S S E S N Y I
M I D S
E I V P O L E C A T
R O B B E R S E A
I E E S L W
C A R I B O U S P I R E
A I D L C A
N O A H B O D Y W O R K
```

Puzzle 155

```
D A B S G R A P H I C S
I L O E N P
S H E A V E S R E T R O
A N E I P E N
P O D R D E I G H T
P E R E C T E A
E T M U R N
A U P O L K A E
R A N C H E T B O O
A I A A I U U
N O S E S D O O D L E S
C I I E N G L
E L A P S I N G D E W Y
```

Puzzle 156

```
M A R R I A G E C R O P
E A G I E L
O N I O N M O N O C L E
W D O L O A
E R E L E G I E S
R A D I A N T X L U
E N T I R
V P C A I R B A S E
E V E R E S T E F
R W T M R S
E S T O N I A I N E P T
N E C S S E
D I R T C H I T C H A T
```

245

Solutions

Puzzle 157

```
S T V . . U T P . . . . .
M O R T A L . E N J O Y S
A . I . U . P . L . P . A
S E C U L A R . E M A I L
H . K . T . E . A . Z . M
E V E R . F J O R D . . .
D D . C . U N . S . V . .
. . M O O D S . E C H O .
S . F . U . I . A . R . I
P A E A N . C U S T A R D
E . I . T . E . T . P . I
C A N N E D . P I P P I N
S . T . D . . R . Y . G .
```

Puzzle 158

```
. D U C T . P M . . . . .
E A R N E R . H E R D E R
. D . P . U . O . O . A .
H O U R . M I S S P E N D
. E . B . E . O . D . . .
I N S T A L L . E R R E D
. A . E . Y . A . T . R .
B R I N K . U G L I E S T
. R . T . L . E . O . . .
V O L I T I O N . N O V A
. W . O . T . D . A . E .
S L E U T H . A C T U A L
. Y . S . E . S . S . E L
```

Puzzle 159

```
. C R . C B W . S . . . .
C A T E G O R I C A L L Y
. R . D . N . P . R . O .
A T T E N D E E . M E W S
. . E . O . D . T . D . .
D E N M A R K . C H A O S
N . . S . C . . W . . . .
S T A F F . J U D G I N G
. R . A . S . R . R . . .
M A S T . W E S T E R N S
N . H . A . I . E . O . .
A T T E N T I V E N E S S
S . R . S . E . S . H . .
```

Puzzle 160

```
O R C A . M O C C A S I N
F . R . D . U . O . U . I
F L O R I S T . N E P A L
I . O . S . W . S . P . E
C O N S C R I P T I O N .
E . . O . T . R . S . A .
R A R I N G . D U R E S S
S . E . N . P . C . . S .
. I R R E S I S T I B L E
F . E . C . N . I . R . S
A U D I T . I S O B A R S
I . O . E . O . N . S . E
R E S I D I N G . A S P S
```

Puzzle 161

```
M O A H P A D . . . . . .
E F F E C T U A L . W O E
L . F . U . B . U . E . P
O N S E T . R E M O D E L
N . H . E . I . E . . O .
. J O Y L E S S . A C H Y
G . R . Y . P . H . S . .
O B E Y . E S C A P E D .
D . . S . T . R . R . M .
D R A C H M A . A M U S E
E . X . I . R . G . B . S
S U E . F A C T O R I E S
S . D . T . H . N . C . Y
```

Puzzle 162

```
M P C P A P . . . . . .
B A R R I O . L A R V A E
L . O . V . A . I . R .
P L A N . E G Y P T I A N
. U . R . S . H . L . .
U R A N I U M . A M P L E
. E . C . P . L . E . E
A C R I D . T A C T I L E
. L . A . F . P . I . .
M I S T R E A T . C O M B
N . I . W . O . I . U .
R E P O S E . P R A I S E
R . N . R . S . N . T .
```

Solutions

Puzzle 163

```
S C U L P T O R   A P E D
U   N   L   T     L     A
C H I N A   H O R R I F Y
H   S   T   E     N     B
    O   F   R I C H T E R
C A N N O N S   O   H   E
A       R     N         A
L   B   M   P A D L O C K
C O U N S E L   I   R
U   M   A   M   D   B
L A P S I N G   E N E M Y
U   E   U   N   R   E
S U D S   D E N T I S T S
```

Puzzle 164

```
D E S I R I N G   H E R B
A   U   E   O   C   M   A
R E I G N   U   A T O L L
N   T   O   G   B   T   L
      D U R A B I L I T Y
B   A   N   T   N   O   H
R E L I C S   L E A N T O
I   F   E   U   T   S   O
C H R O M O S O M E
K   E   E   U   A   G   F
B O S O N   R   K A R M A
A   C   T   P   E   I   C
T W O S   E S T R A N G E
```

Puzzle 165

```
H   C   D   R   C   U
E X O N E R A T E   O W N
A   N   P   A   M   D
R E F I T   H E R B A G E
T   E   R   N   S   R
  S T R A Y E D   B E R G
F   T   L   O   P   O
R E I N   P S Y C H I C
I     D   E   T   S   S
G E R M A N S   A B O V E
A   U   I   A   G   D   A
T I E   S Y M P O S I U M
E   S   Y   E   N   C   S
```

Puzzle 166

```
U S U R E R   F I E L D S
  O   E   U   L   L   U
R A G E   T R A V E L E D
  P   L   S   T   G
M O T E T   S T A Y I N G
  P   C   I   E     U
S E N T I M E N T A L L Y
  R     M   S   M   L
H A N D S A W   B A S I N
    O   T   C   L   F
B A D M O U T H   G L I B
  I   E   R   A   A   E
S M U D G E   R E M E D Y
```

Puzzle 167

```
B   T   S   T   M   P   M
E X E M P L I F Y   L Y E
E   R   A   D   T   E   A
C O M E R   B A H R A I N
H   I   I   I   S     I
  I N A N I T Y   O M E N
C   A   G     F   A   G
H A L L   S C A L I N G
I     T   U   O   P   B
C L E A R E R   T R O V E
A   L   I   T   S   W   R
G A S   P R I V A T E L Y
O   E   E   S   M   R   L
```

Puzzle 168

```
O V E R D O   C E L L A R
P   C   U   E   M   A   O
T O O L B O X   B   T   A
I   N   A   P O R C H E S
M A O R I   L   A     T
A   M     A   C O I L S
  I   E X I L E   N
D I C E D   N     S   T
E     I   A   A L I B I
B A T H T U B   N   G   S
R   R   I   L E G E N D S
I   I   O   E   S   I   U
S W O O N S   E T H A N E
```

247

Solutions

Puzzle 169

A	R	C	H		E	S	S	E	N	C	E	S
C		A	B	O		N		E		E		E
T	E	N	D	R	I	L		T	R	I	A	L
U		D	E	V		R		L		F		
A	R	O	M	A		E	L	E	G	I	A	C
L			S		R		P		N			O
I	N	C	I	T	E		D	R	A	G	O	N
Z		H		S	E	E		E				F
A	D	A	P	T	E	R		N	O	B	L	E
T		O		R		R	E		U			S
I	N	T	R	O		A	L	U	M	N	U	S
O		I		K		N		R		N		E
N	U	C	L	E	A	T	E		E	Y	E	D

Puzzle 170

W	O	O	L		F	A	R	T	H	E	S	T
O	X		S		V		R		M			E
R	E	L	A	P	S	E		O	D	I	U	M
D		I		I		N		U		G		P
P	I	P		C		U		B	O	R	N	E
R			K	N	E	E	L		E			R
O		S		A			E		S			A
C		C		N	E	S	T	S				M
E	A	R	E	D		P		H		A	T	E
S		E		S		A		O		L		N
S	W	A	M	P		W	R	O	U	G	H	T
O		M		A		N		T		A		A
R	A	S	H	N	E	S	S		R	E	A	L

Puzzle 171

R	E	F	U	N	D		A	D	E	P	T	S
E		R		I		P		E		O		A
P	L	A	T	E	A	U		S		U		L
A		G		C		N	O	S	T	R	I	L
S	C	R	E	E		C		E				O
T		A			T		R	E	N	E	W	
		N		S	T	U	N	T		O		
M	O	T	T	O		A			B		N	
E			J		T		M	O	O	S	E	
A	P	R	I	O	R	I		I	D		T	
D		A		U		O	S	T	R	I	C	H
O		N		R		N		E		E		E
W	A	K	I	N	G		E	R	A	S	E	R

Puzzle 172

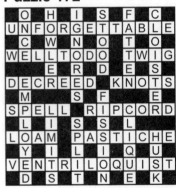

	O		H		I		S		F		C	
U	N	F	O	R	G	E	T	T	A	B	L	E
	C		W		N		O		T		O	
W	E	L	L	T	O	D	O		T	W	I	G
		E		R		D		E		S		
D	E	C	R	E	E	D		K	N	O	T	S
	M			S		F			E			
S	P	E	L	L		R	I	P	C	O	R	D
	L		I		S		S		L			
L	O	A	M		P	A	S	T	I	C	H	E
	Y		I		L		I		Q		U	
V	E	N	T	R	I	L	O	Q	U	I	S	T
	D		S		T		N		E		K	

Puzzle 173

C	O	C	K	Y		A	U	S	T	R	I	A
A		O		E		L		I		R		
S		S		L		A		A	C	T	O	R
S	E	T	T	L	E	R	S		K		N	
E		U		I		M		S	E	N	S	E
T	A	M	E	N	E	S	S		T			L
T		E		G			A		S			I
E			A		P	E	N	D	U	L	U	M
S	N	I	C	K		N		U	U			I
	A		U		E	M	U	L	S	I	O	N
F	I	L	M	S		I		A		C		A
	L		E		T		T		E		T	
I	S	O	N	O	M	Y		E	N	S	U	E

Puzzle 174

I		P		T			S		D		T	
S	C	A	T	H	E		N	E	V	A	D	A
O		T		R		C		T		R		S
T	R	E	M	O	L	O		B	R	E	A	K
O		L		B		U		A		D		S
P	A	L	L		T	R	A	C	T			
E	A	S	T		K		M		O			
		S	T	A	Y	S		M	I	S	S	
G	S		A		A		Q		S		P	
L	A	P	E	L		R	O	U	N	D	E	R
O		L		L		D		E		E		E
S	L	A	T	E	D		C	U	T	E	L	Y
S		T		D			E		D		S	

Puzzle 175

```
E T C H I N G S   R H E A
P H   N   R     U   R
E X A C T   A T T E M P T
E   L   R   Z     B   I
    E   U   E A R M U F F
A R T I S T S   A   G   I
I       I     C       C
L   A   V   I R K S O M E
M I D T E R M   E   F
E   A     P   T   F   S
N I G E R I A   E D I C T
T   E     L   E   N   U
S O S O   T A R R A G O N
```

Puzzle 176

```
A B S P T Y D
G R E A T D A N E   E G O
A   G   O   P   N   T   U
T R I E R   A V O W I N G
E   N   A   Y   N       H
  A N A G R A M   D I N T
F   E   E       F   N   Y
A U R A   O B V I O U S
L       V   U   B   N   L
S A S H I M I   R I D G E
I   I   R   L   O   A   N
F I G   U N D O U B T E D
Y   N   S   S   S   E   S
```

Puzzle 177

```
  C I P C M S
D E A R T H   R E A C T S
  D   R   Y   I   G   U
M E T E   S E M I N A R Y
    T   I   P   I   G
O V E R A C T   O F F E R
  I   I   S   P   I   O
W O M E N   B R A C I N G
  L   V   R   E   E
L E G A T E E S   N A V E
  N   B   U   I   T   E
S C A L E S   D I L U T E
  E   E   E   E   Y   S
```

Puzzle 178

```
J S A B F D R
I N C O G N I T O   A C E
M   O   R   A   R   W   G
M E T R O   S T U N N E R
Y   F   U   E   M       E
  G R E N A D E   L A D S
P   E   D       W   L   S
A M E N   S C H O L A R
S       B   L   R   C   B
C A M B R I A   N U R S E
H   U   I   U   O   I   A
A P T   D I S R U P T E D
L   E   E   E   T   Y   S
```

Puzzle 179

```
H O B N O B   A V A T A R
  B   I   I   P   R   C
F L A P   L I T E R A T I
  I   P   L   I   O
A V A I L   S T E W A R D
  I   N   H   U       E
R O U G H A N D R E A D Y
  U   B   E   X   U
A S E P T I C   S P E N T
  H   T   W   O   D
T R E A S U R E   S C A B
  I   S   A   R   E   N
A P P E A L   E R S A T Z
```

Puzzle 180

```
C A F E   A C O U S T I C
O   O   I   A   N   A   R
M E L A N I N   P A S T A
P   I   T   A   A   T   F
E L O P E   L A R G E S T
T       R   S   D   R   S
I N F A M Y   P O S S U M
T   A   I   I   N       A
I N C I T E S   A D D O N
V   T   T   S   B   R   S
E L U D E   U N L E A S H
L   A   N   E   E   F   I
Y U L E T I D E   S T E P
```

249

Solutions

Puzzle 181

```
C I R C A . P R E L U D E
O . E . N . E . E . . . I
N . Q . O . N . O V A T E
S O U L M A T E . I . . T
T . I . A . U . A E S O P
A N T E L O P E . D . . O
B . E . Y . . . O . F . L
L . . I . U S E F U L L Y
E P I C S . T . F . A . G
. U . O . P R I S O N E R
P L A N E . U . E . N . A
. S . I . . N . T . E . P
F E N C I N G . S Y L P H
```

Puzzle 182

```
S . A . D . C . C . O . A
C O N F E R R A L . V A N
U . T . N . O . E . E . A
F A I L S . A G A I N S T
F . P . I . K . N . . . O
. S H U T E Y E . A D A M
G . O . Y . . V . E . Y
L A N K . M E L I S S A
O . . N . N . L . I . C
B O M B A R D . L E G A L
U . O . T . U . A . N . A
L A B . T A R D I N E S S
E . S . Y . E . N . D . S
```

Puzzle 183

```
P A L S . A B S O L V E S
R . A . C . O . L . A . T
O U T G R O W . D A C H A
L . H . O . M . T . U . T
I D E A S . A C E T O N E
F . . S . N . S . L . O
E X E M P T . I T S E L F
R . X . U . G . A . . T
A P P A R E L . M O R P H
T . L . P . Y . E . E . E
I M A G O . P A N A C E A
O . I . S . H . T . U . R
N O N S E N S E . F R E T
```

Puzzle 184

```
B . E . G . . S . W . A
O F F E R S . S Q U I R M
R . F . A . C . U . T . O
D E E P S E A . E A T E N
E . C . P . R . E . Y . G
R A T S . F R O Z E
S . S . P . Y . E . D . P
. A L L O Y . H O W L
S . S . O . V . G . U . A
L I C I T . E Q U A B L Y
A . E . T . R . A . L . P
T I N G E S . B R E E Z E
E . E . R . . D . T . N
```

Puzzle 185

```
W I N D F A L L . U S E S
H . E . I . O . . T . P
A W A R E . S E V E R A L
M . T . R . E . . E . A
. E . I . R E N T A L S
B A N A N A S . A . K . H
E . . E . . V . . . E
S . T . S . S T I G M A S
T R A N S I T . G . U
R . S . . A . A . E . P
I S T H M U S . B A S T E
D . E . . I . L . L . R
E N D S . A S T E R I S K
```

Puzzle 186

```
S L A P D A S H . A J A R
I . L . E . I . T . E . E
C R A M P . R . R A T E S
K . S . R . I . A . T . O
. S E Q U E N T I A L
P . A . S . S . S . U . U
I M P O S E . A F L O A T
L . P . U . E . E . N . E
C H L O R O F O R M
H . A . I . F . A . C . L
A B U Z Z . O . B R O K E
R . S . E . R . L . U . N
D O E S . A T T E M P T S
```

Solutions

Puzzle 187

```
M O T T E   I N S P E C T
E A A N     E R
D F R D H A Z E L
I N F A M O U S   C A
C E A C T H U M B
I N T E R N E D Y   E
N A K   V H J
A R E S C A P A D E
L I K E S I T L W
M T A D D I T I V E
A B B O T I C B L
U O N A U E
S E E K I N G N O T E D
```

Puzzle 188

```
F A R M   F R U I T F U L
O A R I N U A
R E D H E A D   T A L L Y
E I S E S S
S P O K E S P E R S O N
T T L F M B
E G G T H E M E   E M U
D R L A R O
R E L E N T L E S S L Y
C A M N P A
H A S T E S E C T I O N
U E N H E L C
B E S O T T E D   P L O Y
```

Puzzle 189

```
D E B U G   C A B A R E T
E E O O F N
F C A L G L I D E
L O O P H O L E A E
A M E I A M I D E
T E E N A G E R E P
I S D S U I
N E E S T E E M E D
G A I N S T T B E
C C B A R T E R E R
C I G A R K E A M
D G E E G A
U S H E R E D S W E L L
```

Puzzle 190

```
R G T O A L
I R O N E D R U F F L E
B S P I T F V
B A S T I O N S N I D E
O I D S T X R
N A P E S T E A L
S S G I Y B B
R A N G Y R E A R
S A M A A S O
K E B A B T R U M P E T
I A L E R O H
E I T H E R C A C K L E
R E R L E R
```

Puzzle 191

```
E P I G R A P H O R B S
A C E U R E E
S P O T S R E A S E L
Y N P E C P F
C L A S S R O O M S
V E E T E N A
E X T E N D T A N D E M
R H D S T S E
B R I D E S M A I D
A O N E O M D
T O P I C A N E E D Y
I I E R A L E
M O A N I S O L A T E D
```

Puzzle 192

```
P A V E S H I P M A T E
A I R U A M X
R U N N E R S S W E E P
T Y A H S R E
I D L E S U N I F I E D
C S P O C I
U S A G E S I N F A N T
L R S D A I
A C C U S E R T A N G O
R H M O E I N
I R A T E P O L E N T A
T I N I Y T R
Y A C H T I N G W H E Y
```

Solutions

Puzzle 193

```
C H E R U B   R   S   F
O   U     A D O P T I O N
F U R     T   U   R   R
F   O U T I N G   A F A R
E   P   K   H   I   G
R E A D Y   B L I N K E R
    O   E   Y   E
A N T O N Y M   C R E E D
  E   M   E S   X   U
I C E S   B L O W U P   F
  T   D   R   N   E L F
M A C A R O N I   C   L
  R   Y   W   C L O T H E
```

Puzzle 194

```
C A P S   S H R U G O F F
O   U   S   I   N   U   O
N O T I C E D   A L T A R
F   O   H   I   T   D   E
R O N D O   N E T W O R K
O       O   G   R   N   N
N E A T L Y   G A Z E B O
T   T   M   M   C       W
A C T U A T E   T O W E L
    E   S   D   A   E
I N S E T   I N V A D E D
O   T   E   A   E   E   G
N O S T R I L S   F R E E
```

Puzzle 195

```
I M P A R T   L I G H T S
  E   R   O   O   O   O
C L O T   E X P L A I N S
  B   W   D   S   T
C O L O N   K I N S H I P
  U   R   E   D       N
B R O K E N H E A R T E D
  N   C   D   E   P
M E R M A I D   S P I T E
    O   R   S   A   N
G A Z P A C H O   S E E N
  I   E   L   U   T   S
G R U D G E   R E S I S T
```

Puzzle 196

```
  M A T R I M O N I A L
E   L   E   E   O   L   C
X   B   B Y L A W   A N A
P I A N O   O   I   R   N
E   N   U   D   N O M A D
C H I M N E Y S       L
T   A   D   C   B     E
A       H I G H J U M P
T U L I P   G   I   L O
I   I   O   U   A L L O W
O A K   P L A I N   I   E
N   E   U   N   T   O   R
  A D A P T A T I O N S
```

Puzzle 197

```
O F F I C I A L   S K I D
V   L   E   V   E   E
E M I T S   O C E A N I C
R   N   S   U   N   L
    C   A   C H I M E R A
U N H I T C H   T   L   R
N   I   I   E
N   S   O   P I N C E R S
E X P A N D S   E   N
E   I   Y   R   A   O
D Y N A M I C   A R M E D
E   A   H   R   E   D
D O L L   R E C Y C L E S
```

Puzzle 198

```
  S   F   C   A   T   A
S P E L L I N G   E B B S
R   I   V   A   A   A
C A M P   I D I O L E C T
Y   P   L   N   U
O S S I C L E   B L I S S
    N   Y   B   I
V E R G E   P E R F U M E
S   N   A   E   U
S T U F F I N G   S A G S
A   O   P   L   P   G
S T E W   P R E P A R E S
E   L   Y   S   N   D
```

Solutions

Puzzle 199

```
H Q S F A C O
E D U C A T I O N   O L D
E   I   W   D O   V Y
D U C H Y   G O D L E S S
S   K   E   E   E   S
  R E W R I T E   R A T E
F   S   S   P   L   Y
O U T S   O V E R T L Y
L     P   I O   I   C
L U M B A G O   B R A V E
O   E   T   L   I   N D
W I N   H E A R T A C H E
S   D   S   S Y   E D
```

Puzzle 200

```
N A S S A U   O   B H
E   T   S O F T E N E R
A G A   A   F   R   A
R   F R U G A L   I D L Y
E   F   E   I   B   E
D O S E S   U N H E A R D
    X   P   E   R
T E M P E R S   L I B R A
  N   L   E U   A   M
A L T O   M I L L E T   I
  I   R   I   T   E N D
A S S E S S O R   A   S
  T   S   E   A D J U S T
```

Puzzle 201

```
  O V E R B E A R I N G
U   E   A L E   A   P
P   S C O B R A   S E T
A Z T E C   O R   A   E
N   I   O   W   M O L A R
D O G H O U S E   O
C   E   N   P   P   D
O     U M B R E L L A
M A N G O   O O   A C
I   U   I   S T A C I T
N E T   L E A V E   E Y
G   T   E   I S   B L
  S Y N D I C A T I O N
```

Puzzle 202

```
I N N E R   A S S A U L T
N   A E M   W   O
C T   D O   T H E F T
L I T T E R E D   I   T
U   I E B   P L O Y S
D I L E M M A S   E   M
I   Y   S   S D   U
N   E   S T O P P I N G
G O O S E   E O   R G
  S S   R E B U T T A L
S C R A P   T T   I E
A Y   E   E E   E R
P R O S P E R   D A R T S
```

Puzzle 203

```
M M F E L P I
A M O R O U S L Y   I N N
C N S   T R   C V
R O O M S   E L E V A T E
O R I R S   R
  T A L L E S T   D A R T
I I S   S N S
C A L F   A S H T R A Y
E   V L O R A
P I C C O L O   P A C E D
I A G U G H A
C U T   U P G R A D I N G
K O E H P C E
```

Puzzle 204

```
O R N A T E   S   E L M
  E   R   E T H O S   A
S M O K I N G   O   C S
  I   F R   P O O L S
I N D U L G E D   R   A
  D   I T   R   T   G
A S K I N G   L E S S E E
N   R G   A A   R
A   Y   G L A S S F U L
R I P E N   O O   D
C   T I   F A N A T I C
H   O U G H T   E   T
Y E N   H   A D O R E D
```

253

Solutions

Puzzle 205

```
A P B . . F D S .
S T A I R S . R A G O U T
K . N . I . R . S . N . E
A N D A N T E . T R O P E
N . E . Y . F . E . R . D
C U R E . W O R S T . . .
E . S . E . R . T . F . D
. . C R U M B . T R E E .
F . C . O . E . A . A . M
E V E N S . R E F U G E E
L . N . I . S . T . I . S
O C T A V E . M E R L I N
N . S . E . . R . E . E .
```

Puzzle 206

```
A N O N . N E W S C A S T
C . L . I . L . A . I . R
C A D E N C E . C O R G I
I . E . T . C . R . L . A
D A N C E . T R I V I A L
E . . L . S . L . N . A .
N I C E L Y . D E M E A N
T . O . I . U . G . . D .
P O L Y G O N . I S S U E
R . O . E . J . O . E . R
O R G A N . U S U R P E R
N . N . C . S . S . I . O
E L E M E N T S . H A I R
```

Puzzle 207

```
. B A S . U E P . . .
P O I N T L E S S N E S S
. O . T . A U . I . A .
S R I L A N K A . G O L F
. E . T . L . M . M . .
H O A R D E R . M A N I A
. V . D . C . . S . . .
W E L S H . O U T P U T S
. R . A . S . R . E . .
A P E S . C L E A R E S T
. L . H . A . A . I . L
P A T E R N A L I S T I C
. Y . S . S . L . H . D
```

Puzzle 208

```
. P A B . B C . L . .
K U N G F U . E X O T I C
. C . R . F . S . N . K
D E M I . F L E T C H E R
. . C . O . T . E . W .
E S C U D O S . A P H I D
. T . L . N . S . T . S
C O L T S . A U G U R E D
. W . U . A . B . A . .
M A D R I G A L . L O F T
. W . I . I . I . I . I
D A M S E L . M O Z A R T
. Y . T . E . E . E . M
```

Puzzle 209

```
R O C K S . F L A M I N G
E . R . C . A . E . . I .
P . E . R . L . P A T C H
R E S O U R C E . G . E .
O . T . N . O . B E A R D
C R E S C E N T . R . . O
E . D . H . . D . A . G .
S . . S . A D D E N D U M
S P I K E . I . V . V . A
. A . A . I N C I D E N T
B R A T S . I . C . R . I
. K . E . N . . E . S . S
E A R R I N G . S C E N T
```

Puzzle 210

```
H O O L I G A N . P O L O
I . P . N . D . . S . R .
R E E K S . J O I N I N G
E . N . I . U . . R . A .
. E . N . R U S S I A N .
M I R A C L E . Y . S . I
E . . E . . . M . . . S .
T . A . R . S U B T E X T
A I L M E N T . O . X . .
P . B . . A . L . T . S .
H A I R N E T . I N E R T
O . N . . I . S . N . A .
R O O F . S C I M I T A R
```

Puzzle 211

S		I		I		S		M		S		O
P	E	N	I	N	S	U	L	A		T	I	C
A		N		S		D		T		U		C
D	A	U	N	T		D	E	C	I	B	E	L
E		E		I		E		H				U
	A	N	G	L	I	N	G		A	C	I	D
L		D		L				M		A		E
I	R	O	N		A	C	Q	U	I	R	E	
M				P		R		S		N		S
P	R	E	F	A	C	E		E	X	I	S	T
O		P		D		A		U		V		A
P	H	I		D	I	S	E	M	B	A	R	K
O		C		Y		E		S		L		E

Puzzle 212

S	C	R	A	P	E		G		A	A	H
	A		U		G	E	R	M	S		O
U	T	T	E	R	E	R		O		U	T
	C		C		U		W	I	N	G	S
W	A	T	C	H	I	N	G		D		P
	L		A		T		R	E	O		
P	L	E	A	S	E		S	E	C	R	E	T
L		X		E		E		C		N	
A	P		M	A	V	E	R	I	C	K	
T	R	O	L	L		G		I		L	
T		S		O		E	M	P	E	R	O	R
E		E	M	B	E	R		T		S	
R	E	D		E		O	S	T	L	E	R

Puzzle 213

B	U	R	E	A	U		B		S		F
A		I		S	E	A	S	H	O	R	E
B	O	B		U		R		I		I	
I		B	E	A	R	E	R		V	O	L	T
E		O		P		I		E		L	
S	I	N	K	S		B	E	T	R	A	Y	S
		E		L		R		E			
H	E	A	D	M	A	N		A	D	E	P	T
	L		G		N	S		S		A	
M	I	M	E		C	I	T	R	I	C		N
	X		R		E		O		R	U	N
S	I	D	E	S	T	E	P		O		E
	R		E		S		S	T	E	W	E	D

Puzzle 214

S		M		S		S		S		S		R
P	R	I	N	C	I	P	A	L		W	I	E
A		D		I		E		U		A		G
T	E	P	E	E		A	L	G	E	B	R	A
E		O		N		K		S		R		
	D	I	O	C	E	S	E		A	V	I	D
D		N		E				C		O		S
E	A	T	S		S	P	R	A	W	L	S	
C				C		A		B		C		P
R	E	S	C	U	E	R		B	R	A	W	L
Y		W		B		O		A		N		A
P	E	A		I	N	D	I	G	N	I	T	Y
T		N		C		Y		E		C		S

Puzzle 215

	I		Q		P		A		S		E
I	N	S	U	B	O	R	D	I	N	A	T	E
	F		I		R		O		I		H
D	O	O	R	S	T	E	P		V	I	E	W
	K		E		T		E		R		
B	U	R	Y	I	N	G		B	L	E	E	P
	N			T		P				A	
H	A	I	R	S		P	I	N	B	A	L	L
	F		E		S		R		R		
W	R	E	N		P	L	A	C	A	R	D	S
	A		E		U		N		W		I
A	I	R	W	O	R	T	H	I	N	E	S	S
	D		S		S		A	Y		H	

Puzzle 216

D	E	F	U	S	E		H		S	I	T
	N		E		S	C	U	B	A		A
P	A	N	I	C	K	Y		G		M	D
	M		T		R		E	Q	U	I	P
D	E	T	R	I	T	U	S		R		O
	L		O		P		R	A		L	
I	S	L	A	N	D		V	E	N	I	C	E
N		E		S	T		N		H		
J		A		H	A	N	D	B	O	O	K
U	N	D	I	D		S		E		W	
R		I		R		T	O	R	N	A	D	O
E		N	A	I	V	E		E		E	
S	A	G		P		A	D	H	E	R	E

Solutions

Puzzle 217

O	R	D	A	I	N	E	D		S	P	U	R
S		Y		N		A		N		R		E
L	L	A	M	A		R		O	V	E	N	S
O		D		C		W		M		T		T
		O	C	C	I	D	E	N	T	A	L	
C		P		U		G		N		I		E
A	B	O	A	R	D		O	C	T	E	T	S
U		N		A		A		L		R		S
C	R	Y	P	T	O	G	R	A	M			
U		T		E		O		T		A		A
S	H	A	W	L		U		U	R	G	E	D
E		I		Y		T		R		U		D
S	I	L	K		L	I	K	E	N	E	S	S

256